I0437836

El Mito y la Individuación:

la mitopoiesis de la psique

Walter Boechat. M.D., Ph.D.

Walter Boechat

Título del original portugués:
A Mitopoese da Psique – Mito e Individuação
2008, Editora Vozes Ltda.

ISBN-13: 978-1469936543
ISBN-10: 1469936542

Traducción: Ana Maria Salazar Villegas

Sumario

Epigrafe

PAULA ESTÁ SIEMPRE PRESENTE A LAS MÁRGENES DEL GRAN RÍO PADRE *OKEANOS*, CIRCULAR Y ETERNO, TORBELLINO DE PALABRAS E IMÁGENES.

Prefacio

Boechat emergió en los últimos años como uno de los más creativos contribuyentes para la psicología junguiana clásica, análisis clínico y crítica cultural, con una reputación que trascendió Brasil y viajó los océanos hasta Europa, donde recibió la formación en psicología analítica. La erudición de Boechat, compasión y humor se volvieron muy conocidas para audiencias sensibles en todo el mundo.

La característica peculiar de este cuerpo creciente de trabajo es la manera cuidadosa y metódica con la cual las percepciones de la psicología junguiana son aplicadas a las grandes y perturbadoras cuestiones del mundo actual. El trabajo que Boechat presentó junto con la Dra. Paula Boechat en el congreso de la Asociación Internacional de Psicología Analítica en la Ciudad del Cabo: *Racismo y relaciones raciales en el Brasil: Perspectivas clínicas y culturales*, fue un éxito absoluto en el congreso. Por causa de ese trabajo, fue posible adquirir una comprensión de las cuestiones de raza mucho mejor y más diferenciada, en una gran variedad de contextos geográficos, principalmente, claro, en el África del Sur. Fue una realización académica y política notable y también un *coup de theatre*.

Otro segmento del trabajo de Boechat, que es ejemplar en originalidad y rigor, es su análisis del fanatismo en el mundo moderno, explorando la psicología profunda de los extremismos políticos sin colapsar en un pánico moral sobre el terror cuyas consecuencias desastrosas todos nosotros conocemos.

El presente trabajo es uno de los más abarcadores textos sobre mitología que conozco. Para los lectores junguianos, la mitología es bien conocida como la quintaesencia metodológica de la psicología analítica. Para los lectores no junguianos, en los sectores universitarios y en el psicoanálisis el simple hecho de que Freud se interesó por el mito griego no es suficiente para justificar ese hábito mental junguiano. Debido a esto, me pareció necesario introducir este libro con algunas frases de por qué es tanto viable como esclarecedora la aplicación del mito a tal variedad de problemas, tales como: competencias por el poder político, crisis social, relaciones familiares y la literatura de ficción científica.

Es importante considerar la objeción académica de que el estudio junguiano de la mitología ignora la historicidad del mito, mantenido con una ignorancia superficial de cómo los griegos de la antigüedad vivenciaron y comprendieron sus mitos y leyendas. Se afirma que el mito es violentado por ese abordaje descuidado. Pero, la verdad, todos, incluyendo el mitólogo académico, están juntos en esa violencia cuando ellos distorsionan el sentido de los mitos. ¡A los mitos no les importa! Su plasticidad y maleabilidad son tan grandes como su estabilidad monolítica.

Esos mitos griegos se han mostrado culturalmente irrefrenables. En los Estados Unidos y en Gran Bretaña hay, ahora que escribo en el 2008, una nueva manía adolescente sobre "Percy" (que es en realidad Perseo) cuya espada es su estilógrafo y cuyo escudo es su reloj. Desde el punto de vista del desarrollo personal, los mitos nos ayudan a hacer frente a las ambivalencias y complejidades de la vida. En un sentido psicopolítico bastante real, ellos actúan como un contrapeso a la rigidez del poder y otras estructuras. Los mitos nos ayudan a hacer uso de nuestra imaginación y nuestros poderes intuitivos. En la clínica, el mito permite un lenguaje compartido, ya que ese es un factor importante en la co-creación de la relación analítica. Sin embargo es necesario enfatizar que analistas postjunguianos como Boechat no fuerzan el mito en sus pacientes.

Boechat menciona la centralidad del mito para Freud y para el psicoanálisis freudiano en las *Lecciones introductorias en psicoanálisis* (escritas entre 1915 y 1917). Freud, en un momento "junguiano" sorprendente, habló sobre fantasías filogenéticas contenidas en los mitologemas, un hecho percibido por Laplanche y Pontalis en su magistral *El lenguaje del psicoanálisis* (HOGARTH, 1980: 314-319). Pero pienso que esos mitos griegos eran también cuestiones muy personales tanto para Freud como para Jung. Para Freud, la rivalidad con el padre era ciertamente una motivación principal, y Jung expresa una preocupación personalística semejante con su foco en la lucha del héroe para escapar al dominio maternal.

Concluiré con una afirmación general y tal vez demasiado abarcadora. En los días iniciales del envolvimiento junguiano con la mitología había, en su núcleo, un proyecto político bastante conservador. El objetivo era mostrar las continuidades entre la modernidad y la ideación y cultura tradicionales. El impulso en general era moderar cualquier percepción de que la Modernidad hubiera alcanzado un rompimiento definitivo con el pasado. Ese efecto moderador sobre los llamados de la Modernidad y de las revoluciones científicas del siglo XX era elogiable, pero muy frecuentemente se insinuaba un tono retroactivo, reaccionario y hasta nostálgico.

Pero las cosas cambiaron y ahora el aspecto libertario del mito tomó el centro del palco. Boechat está en la vanguardia de ese nuevo abordaje. Su libro es ambicioso, emocionante, académico y lleno de significados evidentes en la primera lectura y tal vez todavía más después de una reflexión (¡un término que él valoriza mucho!).

Andrew Samuels es profesor de Psicología Analítica, Universidad de Essex; profesor visitante de Psicoanálisis, Universidad de New York; profesor visitante de Estudios Psicoanalíticos, Universidad de Londres; profesor honorario de Psicología y Estudios Terapéuticos, Universidad de Roehmapton.

Introducción a modo de comentario

De la necesidad de los mitos

Mitopoiesis [gr. *mûthopoiêis, eós*] es una palabra compuesta que, según el diccionario electrónico Houaiss, deriva de: *mito* y *poese*. Significa: origen, creación de un mito o de los mitos: *mitopoética*. Quiero significar con el título *Mitopoiesis de la psique: Mito e individuación* la capacidad espontánea que tiene la psique de producir mitos. Realmente, el tejido del cual son hechos los mitos, los cuentos de hadas, las fantasías y los sueños es básicamente el mismo. La psique tiene la capacidad natural y espontánea de producir imágenes mitológicas, que son imágenes arquetípicas, en las más variadas situaciones de lo cotidiano.

Mitopoiesis de la psique: Mito e individuación es un libro que nace a partir de otro, ya publicado hace algún tiempo en dos ediciones por la editora Vozes: *Mitos y arquetipos del hombre contemporáneo*. Este último, organizado por mí, contenía preciosos ensayos de otros colegas y diversos artículos míos que son

11

reproducidos aquí, algunos con alteraciones y desarrollos que el propio tiempo exige.

Con el agotamiento rápido de las dos ediciones de *Mitos y arquetipos...* diversas personas, principalmente mis alumnos del curso de Posgrado en Psicología Junguiana en UNI-IBMR, hace varios años me buscaban pidiendo orientaciones sobre cómo adquirir el libro o incluso sugiriendo nuevas ediciones. En todos mis años de práctica clínica hubo también una presión interna para más escritos y reflexiones sobre el papel del mito en psicoterapia, en la sociedad y en la vida en general.

Los capítulos del presente libro contemplan diversos aspectos de la emergencia del mito, en psicoterapia, en el amor, en el arte, en el trabajo y en la sociedad. Como ejemplo de esa diversidad de la presencia de los mitos, cito el capítulo "La crisis del hombre moderno y la omnipotencia – Prometeo", que reflexiona sobre el mito del héroe, el simbolismo de Prometeo y la cultura contemporánea. Ya el capítulo "La mitopoiesis de la era tecnológica – Mitos y arquetipos de la ficción científica" busca enfatizar o mitologizar el mundo riquísimo de la literatura de ficción científica, nueva fuente de imágenes arquetípicas presentes en la era tecnológica.

Un artículo publicado recientemente por Ann Shearer sobre la necesidad de la presencia de la mitología en la formación de analistas junguianos suscitó un importante debate de James Hollis (SHEARER & HOLLIS, 2004). Esto porque, con la profundización de la llamada escuela de desarrollo del ego, las relaciones madre-bebé y la transferencia como esenciales, se cuestionó hasta qué punto el empleo de mitos en el análisis junguiano es tan fundamental como lo fuera en épocas anteriores. Pero la conclusión final es que el mito está siempre presente, incluso en la visión clínica que priorice los aspectos de transferencia y estructuración del ego. Como ejemplo del empleo constante del mito en teorías de desarrollo actuales cito el libro de Donald Kalsched, sobre la teoría del trauma y el desarrollo de la personalidad (KALSCHED, 1997) y el artículo de Joy Schaverien (2007) recientemente publicado en el *Journal of Analytical Psychology*. Kalshed emplea intensivamente temas de cuentos de hadas y mitos para fundamentar sus ejemplos clínicos y Shiverien cita la presencia de imágenes de cuentos de hadas (Blanca Nieves) en la contratransferencia, sugiriendo el empleo del método junguiano de la imaginación activa a partir de esas imágenes. Por lo tanto, la mitología continúa presente, es siempre esencial, es siempre una expresión básica del alma humana.

Para aquellos poco familiarizados con la jerga junguiana, fue adicionado un anexo con términos junguianos y su referencia a la mitopoiesis de la psique.

Para terminar, deseo agradecer a mis alumnos y también a mis pacientes, fuente constante de aprendizaje en el eterno proceso de la mitopoiesis de la psique que es el proceso de individuación. Ellos son los responsables directos por este libro.

Rio de Janeiro, junio de 2008
Walter Boechat

Walter Boechat

1. Introducción general al estudio del mito

"Para la razón el hecho de "mitologizar" (mythologein) es una especulación estéril, mientras que para el corazón y la sensibilidad esta actividad es vital y saludable: confiere a la existencia un brillo al cual no se quería renunciar. " C.G. Jung, (1978: 261).

La palabra mitología deriva del griego *miéin*, mantener la boca y los ojos cerrados. La expresión es oriunda de los antiguos misterios de iniciación. También son derivados de *miéin*: *mystérion* (misterios) y *mýstes*, palabra que designa a los neófitos en los misterios, o los iniciados (BRANDÃO, 1986: 25ss).

El mito está, por lo tanto, asociado de forma definitiva a lo misterioso y a lo que no puede ser expresado por el discurso lógico de la conciencia: al mundo del logos propiamente dicho. El mito sería un *traje* o una *escafandra* con la cual el hombre de las sociedades tribales se viste para entrar en el mundo exterior, de acuerdo con la imagen que nos proporciona el filósofo español Ortega y Gasset.

Los sentidos fundamentales del mito

Joseph Campbell, buscando una visión amplia de los sentidos del mito para el ser humano, propone cuatro abordajes posibles del mito: *la cuestión cosmológica, la cuestión metafísica, la cuestión sociológica y la cuestión psicológica.* (CAMPBELL, apud HOLLIS, 1998: 18).

En cuanto a la *cuestión cosmológica*: el mito da sentido al propio orden del mundo. Cuando nos preguntamos: ¿por qué estamos en el mundo? o bien: ¿cuál es el sentido de nuestra existencia? tales preguntas no pueden ser explicadas simplemente por la razón. Los mitos tienen la función de responder de forma simbólica y comprensiva a las cuestiones fundamentales del alma. Y los mitos cumplen su función de atribuir sentido al mundo, desde la aurora de la humanidad hasta los días de la sociedad tecnológica. La *teogonía* de Hesíodo de Agra (siglo IV a.C.) [1] no es sólo una *cosmogonía* (o sea, una explicación del origen del universo), sino también una *teogonía* (es decir, una descripción sobre el origen de los dioses).

A su vez, los mitos escatológicos[2] son los que pretenden dar cuenta del gran misterio involucrado en la finalidad de la vida y en la vida post mórtem.

---

[1] Ver consideraciones sobre la teogonía en el cap. 2: "Cosmogonía y antropogonía- Los orígenes"

En cuanto a la *cuestión metafísica*: La metafísica pretende dar explicaciones últimas sobre la realidad de las cosas que nos rodean. Las explicaciones racionales, evidentemente, son insuficientes para dar cuenta de la realidad. Los intentos constantes de explicar por medio de la metafísica la esencia del mundo, de la naturaleza y de los fenómenos son satisfechos por la *mitología*. Platón fue un filósofo que se valió del mito, siempre que el discurso lógico (del *logos*) lo llevaba a una *aporía* filosófica, o sea, a un camino sin salida. [3] El mito, entonces, le proporcionaba una solución y una salida para el sentido. En *El Banquete*, cuando Aristófanes está por comenzar su discurso, dice: "Voy a iniciaros en el lenguaje del mito"... Y Platón habla entonces por la boca de Aristófanes, disertando sobre el profundo mito de los *andróginos*. Vale la pena decir que el discurso, con la ayuda de los mitos, adquiere la profundidad de los misterios.

En cuanto a la *cuestión sociológica*: el mito siempre ocupó un papel central y estructurante en la sociedad humana. El etnólogo Bronislaw Malinowski (1884-1942) propuso el concepto de *mito vivo* entre las sociedades tribales. Fue el primero en enfatizar ese papel social del mito, al convivir con los nativos de las tribus en las islas Trobriand, en la Melanesia. Malinowski, fundador del funcionalismo en antropología, sostenía que el antropólogo no puede

---

[2] Los mitos escatológicos son tratados en los capítulos 1 y 12 de esta obra.

[3] *Aporia*: Del griego *poros,* salida, orificio, quiere decir "sin salida". Ver el capítulo 9 de este libro: "Mito y filosofía – Los mitos en *El Banquete* de Platón".

ser un académico de biblioteca sumergido en sus libros y construyendo teorías a partir de informes secundarios[4]. Por el contrario, el trabajo cultural es fundamental; así, el estudioso de los pueblos debe hacer mucho trabajo de campo, aprender la lengua de los pueblos que desea estudiar, buscar convivir con ellos y conocer su mitología. Los trabajos de Malinowski dejaron clara la noción fundamental del *mito vivo* en sociedades tribales. Hay una importancia esencial de la mitología en la organización de la vida diaria de esas culturas. Sin el mito, esas sociedades simplemente no se organizarían. El nacimiento, la infancia, el matrimonio, la caza y la guerra, el comercio y la muerte, todas las actividades, en definitiva, son ritualizadas y mitologizadas para adquirir sentido.

En sus trabajos de campo los hermanos Claudio y Orlando Villas-Boas - así como, de manera muy especial, Darcy Ribeiro - contribuyeron mucho para el desarrollo de una *antropología nacional*. En estos trabajos, el relevante papel de los mitos y de la institución del *chamanismo* para la organización de las sociedades tribales brasileras quedó evidenciado[5].

Las culturas tribales en general tienen sus llamados *ritos de paso*, en los cuales las transiciones fundamentales del ser humano, como nacimiento, pubertad, matrimonio, madurez y muerte, son ritualizadas y mitologizadas de forma colectiva. Sólo

---

[4] Así procedieron los mentores de la escuela del evolucionismo cultural del siglo XIX.
[5] Ver trabajos de Villas-Boas, Darci Ribeiro y analistas junguianos sobre la antropología nacional en: BYINGTON, Carlos (org.) *O simbolismo nas culturas indígenas brasileiras.*

huellas de estos rituales permanecen vivos en la contemporaneidad, tales como el ritual de graduación, el bautismo cristiano, el *Bar Mitzvah* israelita. Tales rituales y mitos tienen una importante función organizadora de la conciencia colectiva, y su ausencia en nuestra cultura ha producido efectos destructivos, según diversos autores.[6] El hombre contemporáneo tiene ciertas transiciones en su desarrollo de forma extremamente individual - no de forma colectiva, como ocurría con el hombre tribal - y esas transiciones marcan fases definitivas del proceso que C.G. Jung denominó *proceso de individuación*. El ritual del análisis psicológico pretende colocar al individuo en contacto más íntimo con sus propias transiciones de vida, para que logre caminar de forma más consciente por sus pasajes existenciales.

Pero no nos engañemos: el mito está fuertemente presente también en la *sociedad tecnológica*. Mircea Eliade intentó enfáticamente demostrar la presencia del mito en los grandes movimientos sociales contemporáneos. Eliade hizo incluso una curiosa aproximación mítica entre cristianismo y marxismo, percibiendo elementos del mito judeo-cristiano en la ideología del autor de *El Capital*. Así, existe la idea mitológica de un héroe salvador o redentor de la sociedad, como un Cristo sufrido, el operario oprimido; y, equiparándose a una Jerusalén celestial en el final de los tiempos, la deseada sociedad sin clases (ELIADE, 1977: 22). Así, el mito no es algo falso, fabuloso o una historia apenas agradable de

---

[6] La ausencia de rituales en la cultura moderna es vinculada por Zoja (1998) al problema de las drogas.

escuchar, sino un poderoso agente catalizador de cambios individuales y sociales.

En cuanto a la *cuestión psicológica*: si, por un lado, el individuo necesita entender el cosmos y la naturaleza que le rodea, si él necesita, por lo tanto, hacer parte de un orden social significativo, él necesita también, fundamentalmente, entenderse a sí mismo. El estudioso de la religión griega Walter Otto comenta que: "el mito aumenta la auto-confianza y felicidad interna por la experiencia de algo divino" (OTTO, apud PATAI, 1974: 15).

La problemática básica del oráculo de Delfos - *conócete a ti mismo* - encuentra una vía de respuesta en los mitos. Quién soy yo, cuál es mi camino profesional, y otras cuestiones básicas de la existencia no encuentran respuesta simple por el lado meramente racional. Esa es, después de todo, la cuestión del enigma planteado por la Esfinge para Edipo: un enigma simbólico, que exige una respuesta simbólica y no una respuesta simple, racional, como la formulada por Edipo, según el mito. Esa actitud excesivamente racional de Edipo termina teniendo consecuencias nefastas, así como Sófocles relata en la tragedia *Edipo Rey*.[7]

Así, la imagen es el lenguaje fundamental del alma y los símbolos son la llave para la comprensión de las imágenes. Los mitos, a su vez, son historias simbólicas que se desdoblan en *imágenes significativas*, que tratan de las verdades de los hombres de todos los tiempos. De ahí se desprende

---

[7] La historia de Edipo es comentada en el capítulo 6: "Edipo, el de dos caras".

que C.G. Jung haya propuesto enfáticamente lo que llamó *mythologein* - mitologizar - la psique[8] para una mejor comprensión de sus procesos. También enfatizó que cada persona debería descubrir su mito personal para comprender su papel en el mundo y su destino (Jung, 1978 p. 260).

La presencia del mito en la Antigüedad: las primeras interpretaciones

El mito está presente en la sociedad humana desde la más remota antigüedad. Ya aparecen representaciones mitológicas en las pinturas de las cavernas, hechas durante el periodo paleolítico. En las sociedades antiguas se puede percibir la presencia de la mitología con mucha claridad, en la organización cultural, en la vida individual y en la colectiva, tanto en las costumbres como en la religión. Es como si entre más cercana estuviera la cultura de la naturaleza y de los instintos, más la mitología se volviera presente de forma decisiva.

La más antigua epopeya mitológica conservada es el famoso *Poema de Gilgamesh*. Trata de la historia profunda y simbólica del rey de la antigua ciudad de Uruk, Gilgamesh, "el constructor de murallas"[9]. Recopilado aproximadamente en el 2750 a.C., consiste en una serie de poemas conservados en

---

[8] Sobre "mitologizar", cf. Jung, 1963/1978, p. 260 - 261.
[9] Cf. *Gilgamesh, Rei de Uruk* (1992). São Paulo: Ars Poética

tabletas de cerámica cuneiformes de las antiguas culturas de los sumerios, acadios, hititas y cananeos.

La civilización de los sumerios antecedió históricamente a la cultura babilónica. La ciudad de Uruk se situaba donde ahora es el moderno Irak (Irak deriva su nombre de la antiquísima ciudad y el actual museo de Bagdad todavía conserva los fragmentos de las tabletas de cerámica cuneiformes que versan sobre el mito, así como otros fragmentos que datan de la civilización sumeria).

El mito narra las peripecias de Gilgamesh (que consta de dos tercios divinos y un tercio humano) y de su compañero antropoide Einkidu, que vino de los cielos en un cometa. Ambos desafían a la poderosa diosa Gran Madre Ishtar (siempre la lucha naturaleza *versus* cultura), y Einkidu muere. La historia trata de la tristeza de Gilgamesh, de su búsqueda por la hierba de la inmortalidad y su intento de descenso al mundo de los muertos para rescatar el alma de Einkidu. El mito elabora las profundas cuestiones religiosas de la muerte, de la inmortalidad y de la finitud del ser humano. El mito de Gilgamesh es, por tanto, un ejemplo de mito vivo cuyas imágenes simbólicas poseen significado para toda una cultura y una época (y continúan teniendo un sentido simbólico para el hombre contemporáneo).

Posteriormente, en el siglo IV a.C., aparecen las primeras interpretaciones *racionales* del significado del mito, donde ya se plantean las preguntas básicas: ¿Cómo surgen los mitos? ¿Cuál es su función en la sociedad? Estas preguntas son inicialmente planteadas por los filósofos presocráticos de la

Antigua Grecia. Teágenes de Région y Pitágoras comienzan a indagar si los mitos no serían *alegorías de los elementos naturales*. Los filósofos presocráticos también abordaron el mito de forma moralista, metafísica y alegórica. Los sofistas percibían el mito como una alegoría moral o natural.

En el siglo V a.C., Herodoto inaugura la *interpretación histórica de los mitos*. Los dioses y eventos no serían más que situaciones históricas que ocurrieron en tiempos remotos. Los abordajes de Herodoto les quitaban a los dioses y héroes el manto de sacralidad. Por ejemplo, la tradición rezaba que el rey hitita Ciro fue criado por una perra. Para Herodoto, la creencia deriva del hecho de que Ciro fue criado por un pastor cuya esposa tenía el nombre de *Spako*, *Kino* en griego, lo que quiere decir, exactamente, perra. [10]

La interpretación puramente lingüística de Herodoto deja de lado el hecho innegable de que innumerables héroes tienen un nacimiento mágico y son cuidados por animales en la naturaleza, tales como Rómulo y Remo, amamantados por una loba; Atalanta, que habría sido cuidada en el bosque por una osa y muchos otros. El nacimiento mágico es un importante *mitologema,* es decir, un núcleo esencial del mito, que se repite en los más diversos mitos y en las más diversas culturas. El concepto de mitologema es importantísimo en la construcción teórica de la psicología analítica. Fue por la percepción de mitologemas presentes en las producciones delirantes de psicóticos, en los sueños y fantasías de todas las

---

[10] Ver la interpretación de Herodoto al mito de Ciro en Patai, 1974, p.20.

personas que Jung pudo formular el concepto de *inconsciente colectivo.*

Desde el punto de vista de la psicología analítica, por lo tanto, el niño heroico que fue abandonado (es decir, el motivo constante de la exposición del niño) y que fue cuidado por animales, pretende significar que el verdadero proceso de individuación sólo podrá suceder fuera de los dominios de los patrones establecidos por los padres. Es decir, el proceso de individuación es natural, espontáneo e instintivo y tendrá siempre un nuevo recomienzo en cada individuo.

La Transición del pensamiento mitológico para el pensamiento racional

Creo que es importante que nos detengamos un poco en la cuestión de los filósofos presocráticos y en el inicio del pensamiento racional en el mundo occidental. Esto porque, para que entendamos la importancia del mito para el hombre contemporáneo, es crucial que percibamos qué es el *pensamiento mitológico* y cuál es su relación con el *pensamiento racional.*

El comienzo del pensar reflexivo en la cultura occidental fue por mucho tiempo atribuido al llamado *milagro griego,* a los primordios del pensar filosófico en el mundo griego en torno del año IV a.C. por los llamados filósofos presocráticos.[11] Como es sabido,

---

[11] Carneiro Leão sugiere la expresión "pensadores originarios" como

este término designa a un grupo de pensadores antiguos que produjo una manera sistemática de pensar, preguntándose sobre el *origen del mundo*. Platón los llamó *physiologói*, o sea, pensadores de la *physis* o de la materia, o del mundo. Para Platón, ellos no serían propiamente filósofos, en el sentido de la preocupación con las cuestiones del hombre, sino con las esencias del universo.

Pues bien, desde Cornford se comenzó a cuestionar si el pensamiento racional habría surgido *ex nihil*, de la nada, sin ningún antecedente, a partir de ese grupo de pensadores de las islas jónicas, los así llamados filósofos presocráticos. Cornford detectó que el *pensamiento racional* de esos filósofos no era muy diferente del llamado *pensamiento mitológico* que les precediera. Explicando mejor: los presocráticos pensaron sobre la esencia de la naturaleza a partir del *arché*, que sería una sustancia primordial del cosmos. Habría así cuatro *archái*, que serían los cuatro elementos: tierra, agua, aire y fuego. Cornford[12] percibió que los *archái* no eran otra cosa que dioses mitológicos elevados a una gran abstracción: el fuego sería el padre Zeus, el señor del rayo; el agua sería Poseidón, el señor del mar; el aire sería Hades o

---

más adecuada que la de presocráticos. Esto por considerar esta última denominación incorrecta, en la medida en que habría presocráticos que habrían existido después de Sócrates, o que fueron sus contemporáneos. Si la expresión pretende significar que el pensamiento de los presocráticos haya ocurrido "antes" del pensamiento de Sócrates, en el sentido de ser menos diferenciado, igualmente sería improcedente. Ver C. Leão e Wrublewski: *Os Pensadores Originários. Anaximandro, Parmênides, Heráclito*. Petrópolis: Vozes.

[12] En su obra de 1912: *From Religion to philosophy*.

Plutón, el señor de las brumosas tinieblas; y la tierra sería Gaia, nuestro planeta.[13]

Jean-Pierre Vernant, elaborando sobre las ideas de Cornford, pretende confirmar que el *pensamiento racional* es inseparable del *pensamiento mitológico*. Esto sucede porque, en el tiempo histórico, la génesis del pensamiento racional occidental se da a partir del pensamiento mitológico, y no fuera de él (VERNANT, 1990).

Estas dos formas de pensamiento estudiadas por Vernant, situadas en el tiempo histórico, fueron analizadas por C.G. Jung en relación al funcionamiento mental del ser humano. En la obra *Símbolos de transformación*, parte II (1951/1986), Jung titula así el capítulo dos: "Dos tipos de pensamiento". Allí, el autor postula que existirían dos maneras de pensar: una, *consciente, lineal, adaptativa*, que serviría a las funciones del ego, de adaptación a la realidad; y la otra, denominada *pensamiento circular, mitológico* y que ocurriría al soñar, al fantasear y que Jung asocia al *pensamiento dereístico* de los niños.

La mitopoiesis de la psique

Queremos enfatizar que una forma de pensamiento es inseparable de la otra, y si algunas veces el individuo se sumerge en el sueño y en la fantasía, poseído por el pensamiento circular, otras veces sus necesidades

---

[13] Las ilaciones de Cornford son mencionadas por Vernant, 1990, p. 350ss.

de adaptación al mundo externo exigen el pensamiento lineal. El pensamiento simbólico, tan importante en el proceso analítico y esencial para la individuación, sería la unión de las dos formas, consistiendo, por así decirlo, en una *forma elipsoide de pensamiento*. En el instante en el que el individuo alcanza esa unión, el proceso de individuación se procesa con gran vigor, pues la función simbólica del inconsciente está en pleno funcionamiento, produciendo representaciones eficaces para el desarrollo del todo. Es cuando el símbolo se constela en terapia, modificando toda su conducción; dentro de un sueño, en medio de diversos contenidos que serían *residuos del día* (Freud) aparentes repeticiones de lo cotidiano, una imagen nueva surge, modificando toda la conducción del proceso y trayendo algo realmente nuevo. Ocurre allí la unión de las dos formas de pensamiento, produciendo nuevas soluciones para el soñador, nuevas formas de adaptación posible, salidas para su impase existencial.

De ello se desprende el hecho de que el mito sea tan vital para la existencia humana. Siempre hay una *mitopoiesis en la psique*: el tejido de los mitos antiguos es el mismo tejido de los sueños y fantasías. Cuando un niño de tierna edad escucha los cuentos de hadas e historias infantiles, percibe modelos de organización psíquica altamente estructurantes. Al niño le gustan los cuentos, quiere oír más y los recuerda con cariño. Las tareas del héroe de los cuentos expresan modelos de acción necesarios para su mundo interno; los demás personajes expresan situaciones típicas, el niño se reconforta con el cuento simbólico.

Lo mismo ocurre con un paciente en análisis: el mito traerá una amplificación de su situación existencial, difícil a veces, y el paciente - así como el propio analista - logra así comprenderla mejor.

Todas esas cuestiones, por lo tanto, hacen referencia al moderno abordaje de la mitología por el terapeuta de línea junguiana. Pero, evidentemente, el camino fue bastante largo hasta que los desdoblamientos contemporáneos pudieran obtenerse.

El evemerismo y el mito en la modernidad

Haciendo un camino a través de las diversas interpretaciones del mito desde el mundo antiguo, podemos verificar que en ese período tal vez el abordaje más importante haya sido el de Evémero, escritor y hermeneuta griego nacido en Messina - actual Sicilia - en el 330 a.C. Entre los antiguos, él fue el que más se destacó en la *interpretación histórica* de los mitos. En esta línea de interpretación, todos los dioses y héroes serían *personajes históricos deificados*. Hay un sinnúmero de interpretaciones históricas de Evémero, todas con mucha consistencia y desarrolladas después de mucha investigación. Por ejemplo, *Dionisio* sería el General Alejandro de Macedonia, que llevó la cultura griega a todo el mundo antiguo, habiendo inclusive conquistado Egipto. Así, las representaciones de *Dionisio*, asociado a la recolección de la uva y a la fabricación del vino, así como en las procesiones, estarían relacionadas con los viajes de Alejandro a la India y Egipto, donde habría propagado el cultivo de la uva, dominio de Dionisio.

El Evemerismo fue muy utilizado por la Iglesia Católica, a lo largo de la Edad Media, en el proceso de competencia con las religiones paganas por el dominio de las almas. La estrategia adoptada por la Iglesia fue entonces la de descalificar el paganismo, despojando a los dioses paganos de su maná[14], transformándolos consecuentemente en meras figuras históricas que, aunque significativas, eran siempre humanas y mortales.

A pesar de todo el empeño por parte de la religión establecida, en el sentido de despojar a los dioses clásicos de su poder, la costumbre de tomar un antepasado mítico como referencia persistió incluso durante el Renacimiento[15]. Como escribió el propio Zwinglio, en una carta de 1531: "Cerca de Dios, tal vez puedas ver a Adán, Abel, Enoc, Hércules, Teseo, Sócrates, los Catones y los Escipiones..." (apud PATAI, 1974: 23).

Durante el siglo XVIII, el mito mantuvo su influencia cultural y continuó despertando interpretaciones de estudiosos de la antropología y de otras diversas áreas del pensamiento.

Los mitos siempre se desarrollaron en asociación con los fenómenos naturales. La personificación de

---

[14] Término de origen polinesio, que significa poder o fuerza misteriosa.
[15] Jean Szenec demuestra la persistencia de los dioses paganos en el arte y en la iconografía renacentista (1940/1973).

elementos de la naturaleza fue una manera encontrada por nuestros ancestros para inserirse en el mundo circundante, tratando de adaptarse a él, de alguna forma. Fueron precisamente las analogías naturales, constantes en el mito, las que llevaron al estudioso de los mitos Max Müller (1823-1900) a intentar organizar reglas interpretativas para todos los mitos, basadas en el curso del sol, sin duda un alcance bastante equivocado. Max Müller pretendió que todas las mitologías arias, inclusive la hindú, la griega y la germánica se referirían al sol o a sus fenómenos naturales; esto es lo que deducía, en su *mitología solar*. Sin duda, el sol y su curso, brillo y poder fertilizador generaron diversos mitos en las más diversas culturas, habiendo generado incluso fantasías *mitopoiéticas* espontáneas en el arte y en el delirio. Pero reducir toda la mitología a los fenómenos solares, fue, al menos, una actitud bastante reductiva por parte de Müller.

La entrada del siglo XX trajo un abordaje nuevo e importante al estudio del mito. La *escuela del mito y del ritual* trató de responder a la pregunta: ¿qué viene en primer lugar: el mito o el ritual? Los más ilustres representantes de esta escuela fueron Wilhelm Wundt en su obra *Volkerpsychologie* (1908) y Jane Harrison, cuatro años después de Wundt, a través de su obra principal, *Themis* (1912).

En su obra, Harrison sostiene:

> 1) El mito nace del rito, mucho más de lo que el rito nace del mito. 2) El mito es el correlato hablado del acto representado, o sea, *to legomenon*, la cosa dicha, en contraste con

dromenon, la cosa representada, aunque también se relacione con ella; 3) no es ninguna otra cosa, ni tiene ningún otro origen" (HARRISON, apud PATAI, 1974:32).

Es cierto que las ideas de Jane Harrison se limitaban a la cultura griega, pero sus nociones tuvieron desarrollos posteriores, teniendo aplicaciones de otros autores en culturas poco estudiadas del cercano Oriente. Con tales desarrollos y evolución, el posicionamiento de la *escuela del mito y del ritual* puede ser expuesto de la siguiente manera:

1) El mito es la parte hablada del ritual. 2) No hay ritual sin mito. 3) No hay mito sin ritual. (PATAI, op. cit.: 33).

Como es claro, la asociación de la imagen mítica con *rituales* es de gran importancia y se aplicó también a la emergencia de los mitos en la cultura moderna, en el teatro y en las más diferentes expresiones musicales, como la música negra.

Me detengo aquí en cierto detalle sobre las asociaciones entre el mito y el ritual, porque el propio Jung se interesó por ritmos, gestos y símbolos de la libido[16]. En psicoterapia junguiana (recordando que toda terapia obedece a un cierto *ritual*[17] necesario para ser válida), también los gestos y ritmos

---

[16] Cf.. Jung (1912/1986, parte II, cap. III: "La transformación de la libido", §204 ss).

[17] El ritual de la psicoterapia obedece a determinantes como horario y lugar bien establecidos, encuadre o *setting* terapéutico bien definido, con un contrato terapéutico claro. En caso que ese ritual no se repita en cada sesión, la emergencia simbólica no ocurre y el proceso no llega a buen término.

corporales tienen importancia, debido a su estrecha vinculación con la representación mental (cf. BOECHAT, 2008).

La importancia del mito en la psicología analítica de Jung

La mitología tiene, de esta manera, una importancia esencial en la formulación de la psicología junguiana, la *psicología analítica*, desde sus primordios. Esto se debe a que toda teoría psicológica es formulada a partir de una base psicopatológica. El *psicoanálisis* tiene la *histeria* como fundamento psicopatológico de su construcción teórica, aunque Freud haya, sin duda, dedicado su atención al estudio de diversas psicopatologías. Por su parte, la *esquizofrenia* es la psicopatología que proporciona el fundamento teórico para la *psicología analítica* de Jung. Y el contenido esquizofrénico está profundamente imbricado en los mitos, como veremos a continuación.

En síntesis, se pueden trazar las líneas de los caminos seguidos por Freud y Jung en la construcción de sus respectivas teorías, un dibujo de estructuras antitéticas pero equivalentes, a semejanza de los elementos que llegaron a constituir los recorridos de los dos creadores.

Freud fue a París a trabajar con Charcot en el Hospital Salpetriére, lidiando con pacientes histéricos. En la sintomatología de la histeria, Freud formula el concepto de *represión* para justificar en la psicodinámica de las defensas del ego la interacción consciente-inconsciente y la psicopatología. Llega entonces al problema de la *novela familiar*, al complejo de Edipo y al incesto como origen de toda neurosis.

Jung, en el inicio de su carrera médica, trabaja con Eugen Bleuler en el Hospital Burghölzli, cerca de Zurich. Trabaja con los esquizofrénicos, y en sus delirios descubre los *mitologemas*, núcleos de mitos que apuntan para un origen común, colectivo, de esos contenidos delirantes. Los mitologemas propiciarán en Jung la percepción del *inconsciente colectivo*. Además, le proporcionarán una perspectiva simbólica a partir de la cual podrá comprender los delirios como provistos de algún sentido. El delirio no es, por tanto, impenetrable, como desearía la psiquiatría clásica, y desprovisto de sentido. Al contrario, tiene un sentido propio, *desde que se parta de un presupuesto simbólico para comprenderlo.*

Jung siguió a su maestro Bleuler buscando siempre el contenido simbólico de las esquizofrenias y no sólo manteniendo una posición descriptiva, diagnóstica. El caso de B. St.[18], descrito por Jung, es famoso por presentar un delirio en forma de una estereotipia totalmente irracional e incomprensible: "yo soy la campana," "yo soy la campana", "yo soy la campana". Desde el punto de vista de la conciencia, si no se parte de un presupuesto simbólico, ni de asociaciones, tal aliteración sería totalmente incomprensible. Pero Jung persistió en la convicción de que todo delirio tendría un núcleo comprensible,

---

[18] Jung, 1907, § 198ss: *"Análisis de un caso de demencia paranoide como paradigma".*

desde que partamos de un presupuesto simbólico. En una etapa posterior, con una ligera mejoría de la paciente, con mejor comunicación, ella reveló que admiraba al poeta Schiller, autor del poema *La Campana*. B. St. se sentía abandonada en el gran hospital cantonal Bürgholzli por su antiguo médico, el director Prof. Forel. Se sentía sin importancia, sin valor. Deliraba, diciendo: *Yo soy la campana*. Era la forma en la que su inconsciente decía: *yo soy importante, yo tengo valor, no soy tan insignificante...* (JUNG, 1907, § 275).

Jung formuló, muy al comienzo de su carrera profesional, el importante concepto de la *compensación*, en el que el delirio operaría compensando la actitud de la conciencia. Este concepto permanecerá intacto durante toda la formulación teórica de la psicología analítica y, más tarde, llegará a ser axial en la *teoría de la interpretación de los sueños*, a partir de la cual Jung dirá que un sueño también compensa la actitud consciente del soñador. Se trata de un concepto que rige la relación entre las dinámicas conscientes e inconscientes, operando como si fuera mediante una *homeostasis psíquica*.

La imagen de la campana de Schiller apunta para una figura literaria de la experiencia a nivel personal de la paciente, es decir: por una serie de asociaciones conscientes, el gusto de la paciente por la poesía de Schiller, su estado de profunda depresión y sentimiento de abandono consciente y otros factores de la conciencia, su contenido delirante se vuelve explicable.

Sin embargo, existen diversas situaciones en las cuales el contenido del delirio se presenta como un mito de tonalidad colectiva, impersonal. Aunque sin perder sus características de compensación homeostática – pues esa es una característica general de la laboriosidad de la *función trascendente*[19] del sí mismo, produciendo un *tertio non datur, un tercero no determinable* como quiso Jung - cuando la tensión de los opuestos es casi insustentable, el delirio presenta contenidos de tonalidad impersonal pertenecientes al inconsciente colectivo. Tal es la naturaleza de los mitologemas.

Es muy conocido el ejemplo del paciente impresionado con el *falo solar*, que habría sido el primer caso, aquel que *dio una indicación* (McGUIRE & HULL, 1982: 381) para que usemos las propias palabras de Jung, y llevaron a que lograra descubrir el *inconsciente colectivo*. En una famosa entrevista para la TV BBC de Londres, Jung relató que su paciente...

> "[...] Me llamó, me agarró por la solapa y llevándome hasta una ventana dijo: "¡Doctor! ¡Ahora! Ahora puede ver. ¡Mírelo! Mire el sol y vea cómo se mueve. Usted también debe mover la cabeza así, y entonces verá el falo del sol, usted sabe, ese es el origen del

---

[19] Jung (1916/s.d.) definió la *función trascendente* como la función que tiene el sí-mismo de producir un tercero a partir de la tensión de los opuestos irreconciliables, consciente e inconsciente. La función trascendente opera presentando una tercera vía simbólica que soluciona creativamente la tensión de opuestos. La función mitopoiética de la psique es la función trascendente, pues opera por símbolos.

viento. ¿Usted está viendo cómo se mueve el sol cuando movemos la cabeza de un lado para otro? "[20]

Jung, naturalmente, habrá pensado que se trataba de un contenido delirante como tantos otros, desprovisto de todo sentido lógico, pero anotó lo ocurrido en su bloc de notas. Cuatro años después encontró un estudio del historiador Dieterich sobre la Liturgia de Mitra, parte del famoso manuscrito *Gran Papiro Mágico de París* (McGUIRE & HULL,1987: 380). La religión mitraica, como se sabe, fue la religión persa de los adoradores del dios solar Mitra, popular en Roma en la época Cristiana, y que compitió bastante con el cristianismo. En el manuscrito mencionado había una oración de un sacerdote de Mitra con frases casi idénticas a las del habla delirante del paciente esquizofrénico de Jung:

"Después de la segunda oración, veréis cómo el disco del sol se desdobla, y veréis colgando de él el tubo, el origen del viento, y cuando movéis vuestro rostro para las regiones del oriente, él para allá se mueve, y si movieses vuestro rostro para las regiones de occidente, él os seguirá" (McGUIRE & HULL, 1982:380).

Para Jung, fue muy importante que el paciente no tuviera conocimiento del mito y fuera una persona de poca cultura general. Este fue el primer ejemplo para

---

[20] Ver el ejemplo clínico del "paciente del falo solar" en la entrevista de Jung (McGUIRE, W. & HULL, R.F.C.,1987:380).

que más tarde formulara la teoría del *inconsciente colectivo* y de los *arquetipos*. Por lo tanto, la presencia del mito, es decir, de los mitologemas en las producciones delirantes de esquizofrénicos está en la propia génesis de la teoría junguiana del inconsciente colectivo[21].

Posteriormente, Jung describió teóricamente cómo se da la presencia del mito en el dinamismo consciente - inconsciente[22]. La psique consciente se rige por el pensamiento dirigido, o adaptativo, lineal. *La psique inconsciente por el pensamiento circular, onírico, o mitológico.* Por lo tanto, el ego tiene el pensamiento dirigido para la adaptación a la realidad externa; es lineal y funciona por el mecanismo de asociación de ideas racionales. *El inconsciente, como ya mencionamos, opera por el mecanismo asociativo de imágenes mitológicas.*

Es importante recordar que necesitamos de esta formulación de la psicodinámica de los mitos en el pensamiento inconsciente para explicar de forma adecuada el hallazgo del *paciente del falo solar*. En mi opinión, considero insuficiente apenas señalar el hecho de la presencia de la idea delirante en el papiro mitraico de épocas pretéritas. ¿Por qué sucede esto? ¿Estará correcta la risible acusación de que los junguianos son partidarios de la teoría de la reencarnación? Sí, porque *si el esquizofrénico moderno posee el mismo contenido mental del*

---

[21] Para las más actuales investigaciones sobre "el paciente del falo solar", Emile Schwyser, cf. Bair, 2006, p.228ss.
[22] Jung (1912/1986, Parte I, cap. II: "Las dos formas de pensamiento").

sacerdote mitraico ¿él habrá vivido concretamente en aquella época?

Pero si pensamos que el pensamiento circular mitológico del inconsciente trabaja por asociaciones de representaciones arquetípicas mitológicas, así como el pensamiento adaptativo linear de la conciencia trabaja por asociaciones lógicas de ideas, estaremos aproximándonos a una explicación perfectamente comprensible para el fenómeno. Sol, falo y viento con imágenes mitológicas con una proximidad fácil de percibir. El sol es fálico, fecunda y produce vida y germinación por todas partes. Él es capaz de incluso producir el día. El viento es fuente de las inspiraciones, sopla por doquier, es el *Ruah* hebráico, *Pneuma* griego, la fuente de inspiración de las sibilas produciendo el silbido de las hojas del laurel, el árbol sagrado de Apolo. No es de extrañar, entonces, que las mismas ideas arquetípicas se aglutinen para el pensamiento de un psicótico y en la oración religiosa de un sacerdote antiguo. Esas representaciones ciertamente se atraen, en el inconsciente colectivo.

Temas míticos y la teoría de la libido en Jung

Es importante recordar que la imagen del falo solar aparece en muchísimas religiones y obras de arte. Para citar apenas las más conocidas, recordamos el dios egipcio solar Ra, con su falo fecundante, las pinturas medievales de Ambrogiotto di Bondonni, el Giotto, con la Virgen María siendo fecundada por el sol entre muchos otros ejemplos. Muchos psicóticos incluyen entre sus delirios el falo solar, siendo el más conocido Schreber, paciente importante para Freud y Jung.

Schreber fue un culto jurista alemán, que presentaba graves episodios psicóticos, permeados de imágenes-delirios llenas de detalles, los tradicionalmente llamados *delirios floridos*. Sus episodios surgían cuando recibía promociones en sus funciones de jurista. En los intervalos de mejora de sus episodios delirantes, escribió *Recuerdos de mi enfermedad mental*. En esta obra, rica en detalles de sus episodios, el autor describe sus vivencias psicóticas. Jung, en esa época trabajando en colaboración con Freud, se lo mostró al maestro.

Schreber describe su atracción homoerótica por su médico: se ve como una mujer, desnuda, siendo fecundado por *un sol fálico*. [23]

Jung quedó impresionado con la presencia marcante de material mitológico en los delirios de Schreber, surgiendo allí inclusive, nuevamente, el Falo Solar fecundante. La presencia del material mitológico en las psicosis llevó a Jung no sólo a proponer la teoría del inconsciente colectivo y de los arquetipos, sino a cuestionar el problema de la libido exclusivamente

---

[23] Freud, trabajando los delirios homoeróticos de Schereber, construyó la problemática teórica del *síndrome paranoide*: la formulación inconsciente que es *negada*: "yo *no* lo amo". Y entonces es *proyectada*: "no, *él* me ama". Y después, la *formación reactiva, persecutoria*, que encubre el amor homoerótico: "No, ¡él me *odia*!"

sexual. El círculo de Viena, que componía el movimiento inicial del psicoanálisis, tenía pocos psiquiatras, con excepción de Tausk y el propio Jung.[24] Estaba compuesto por Freud, neurólogo, y la mayoría del grupo de médicos clínicos que buscaron posteriormente el psicoanálisis (ROAZEN, op. cit.:50). Pienso, por tanto, que la falta de experiencia con las psicosis habrá sido importante en la teoría de la libido. Mientras que Freud dio a la libido un tono exclusivamente sexual - por más amplia que sea la acepción del término sexual en la segunda tópica de Freud - creo que debemos discutir la cuestión de la libido como referencia a la psicopatología; y, en el caso, a la esquizofrenia y al mito como elemento organizador de la teoría junguiana.

Jung percibió, como ya se mencionó, la incidencia de los mitologemas en el delirio esquizofrénico; y a partir de ahí formuló hipótesis del inconsciente colectivo y de los arquetipos. Pero otro punto, que quiero debatir aquí, es que la propia teoría de la libido fue discutida a partir de la observación de las psicosis. Además del falo solar fecundante, otro delirio frecuente - observado en Schreber y otros psicóticos – es la *idea delirante del fin del mundo*. Schreber juzgaba de forma delirante que el mundo llegaría al fin porque *su ego estaría atrayendo los rayos del sol, robando los rayos solares de su vitalidad y toda vida en la tierra cesaría*. Construyó el concepto de *rayos de Dios, que serían formados de los rayos solares, fibras nerviosas y espermatozoides* (cf. JUNG, 1912/1986, §185, n.22). La incidencia de este tipo de delirio es bastante

---

[24] En *Irmão animal...* Roazen (1995) comenta la compleja relación de Tausk , Lou Andrea Salomé y Freud.

frecuente, aunque actualmente poco evidenciada con el adviento y la expansión de las medicaciones anti-psicóticas.

El psicótico presenta las imágenes psíquicas más libres de censura de la conciencia. Según la teoría junguiana los frecuentes delirios mitológicos del fin del mundo entre los psicóticos reflejan el movimiento de introversión excesiva de la libido psíquica, su introversión máxima, la pérdida de contacto con el mundo externo. Por lo tanto, las formulaciones de Jung sobre la libido como energía psíquica parten de sus observaciones con psicóticos. Teoriza sobre las manifestaciones de la libido como energía pura y simple en su movimiento de extroversión e introversión.[25] Las manifestaciones más simples y básicas de esta energía serían los ritmos, que están presentes en movimientos repetidos de los rituales, de la música, de los latidos del corazón, de la respiración[26] ... Las observaciones clínicas de las psicosis fundamentaron las concepciones basilares de Jung sobre el arquetipo y, en esas observaciones, los mitologemas de los delirios son fundamentales.

El mundo de la psicosis es un mundo mitológico *per se*. Cierta vez, trabajando en el Hospital Psiquiátrico Pedro II, actualmente llamado Nise da Silveira, encontré un paciente extremamente regresivo, que se escondía debajo de la cama, sin querer conversar con persona alguna, médicos o personal de la enfermería.

---

[25] Ver la justificación detallada de Jung para su posición sobre la libido y psicosis en Jung (1912/1986, §193-197).

[26] Jung (1912/1986), parte II cap. III: "La transformación de la libido". Ver también las notas 15 y 16.

Insistí durante algunos días, hasta que el paciente, saliendo de debajo de la cama, me mostró un cigarrillo y me pidió que yo lo encendiera. Después de haberlo encendido él dijo, murmurando: "Doctor, nosotros somos este cigarrillo, sólo que yo soy la parte encendida y usted es la parte apagada..."

El paciente acababa de mitologizar intensamente nuestra relación, representándola por el cigarrillo encendido. El fuego, representante arcaico de la divinidad, el fuego heraclítico, la zarza ardiente de Moisés, tiene un papel importante en esta mitologización. *Quien está cerca de mí está cerca del fuego*, reza la frase del Nuevo Testamento. El fuego, símbolo arcaico de la divinidad, [27] funcionó en este caso como elemento catalizador del símbolo central de la *psique*, el arquetipo del sí-mismo. El paciente esquizofrénico se sentía cercano al fuego, al sí-mismo, y me veía como la parte apagada del cigarrillo, junto al principio de realidad, representando el pragmatismo sobre el cual se podría elaborar una realización terapéutica constructiva.

Temas mitológicos y la teoría del inconsciente colectivo

La teorización fundamental de que el pensamiento inconsciente es circular o mitológico formaliza toda la concepción junguiana de los arquetipos y del proceso de individuación. El libro basilar de Jung, que

---

[27] Bachelard investigó los símbolos del fuego en *A psicanálise do fogo*. Lisboa.

formaliza su ruptura con el psicoanálisis de Freud, *Símbolos de transformación* (1912/1986), es un ejercicio formal sobre una serie de imágenes literarias y poéticas que una viajante, la Sra. Miller, anotaba en su libro de viaje, en largos itinerarios en barco por el Oriente y por Rusia.

El personaje principal de estas anotaciones literarias es el héroe indio *Chiwantopel*, de Longfellow. El mito del incesto de Freud es criticado con base en el mitologema descrito por Frobenius en diversos pueblos africanos: el mitologema del *viaje nocturno por el mar*, el sol que nace en el Oriente es la figura de un héroe, que muere en el Occidente y debe purificarse de los males del mundo por el viaje nocturno sumergido por el océano, renaciendo en el Oriente. El incesto, así, sería la muerte aparente, sería la muerte necesaria para la transformación de la personalidad.

Naturalmente, la propuesta de un incesto simbólico por Jung, al lado del incesto neurótico tradicional, suscitó una viva resistencia en la época. Esto llevó a Jung al diagnóstico, que hizo con relación a algunos de sus acusadores, de estar poseídos por el *complejo de Nicodemo* [28], siendo por lo tanto incapaces de percibir la realidad de un incesto simbólico, mítico.

Para Jung, *el arquetipo del héroe mitológico* constituiría el núcleo del complejo egoico, que viene a

---

[28] Nicodemos - Personaje del Nuevo Testamento, incapaz de raciocinar simbólicamente. Cuando Cristo usa la metáfora "deberéis nacer de nuevo para entrar en el Reino", Nicodemos se escandaliza y pregunta si las personas deberían entrar de nuevo en el vientre de sus madres para obtener la salvación.

ser el centro de la conciencia. Por lo tanto, los mitos de héroe son basilares para que se perciba la organización de la conciencia, bajo el prisma arquetípico. Desde el punto de vista de la dinámica del proceso de individuación, el mito del héroe representa la libido que fluye en el eje ego – sí mismo, organizando el ego, principalmente en el curso de los llamados episodios de transición.

Los mitos estarán todavía presentes en todo el material descriptivo de la *psicología de los arquetipos*, una vez que la psicología junguiana es una psicología de la subjetividad con el *interior poblado*, como dice Stein[29] o con *personificación*, como quiere Hillman (1977). Los contenidos psíquicos son, en la psicología analítica, personificados, no siendo apenas conceptos abstractos o teóricos, como el *id*, inconsciente o arquetipo; son personajes vivos internos, dioses (HILLMAN, 1977).

El mito y la práctica clínica junguiana

Hasta aquí nos detuvimos en la importancia del mito para la organización teórica de la psicología analítica. En lo que concierne a la *práctica clínica* las aplicaciones son fundamentales, ya que el movimiento de la libido inconsciente se da por asociación de imágenes mitológicas. De esta forma, detectando la imagen que domina el cuadro clínico de un paciente,

---

[29]M. Stein se refiere al *interior poblado* de la psique aludiendo a los complejos como personalidades múltiples subjetivas del sujeto. En: STEIN, 2000.

podemos no sólo percibir el diagnóstico, es decir, cuál es la figura arquetípica mitológica que está dominando su proceso de individuación en ese momento, sino también cuál es su pronóstico y evolución. Esto sucede porque en la psicología analítica se trabaja con el *proceso de amplificación* creado por Jung.

El *proceso de amplificación* es un método terapéutico original y corresponde, en la psicoterapia moderna, a los arcaicos modos de contar historias que siempre existieron en todas las culturas. En el ancestral *chamanismo*, por ejemplo, se sabe que los chamanes siempre utilizaron antiguas leyendas en el tratamiento de enfermedades mentales y físicas. Es paradigmático el ejemplo que Lévi-Strauss relata del chamán Cuna, de Panamá, que acostumbraba entonar un mito tradicional, para facilitar el parto de una paciente. [30]

En mi práctica clínica, acostumbro utilizar tres tipos de intervención, seleccionados de acuerdo con los grados de defensa o regresión presentados por el paciente: la *interpretación directa*, la *interpretación aludida* (Kemper) y la *amplificación*. El primero de ellos es la *interpretación tradicional directa*, utilizada cuando el paciente está en condiciones de oír la interpretación, es decir, cuando se verifican condiciones adecuadas para la interpretación que confronte directamente el complejo emocional constelado. El segundo de ellos es la *interpretación*

---

[30] Lévi-Strauss, A eficácia simbólica, in: *Antropologia estrutural* II [s.n.t.]. El autor narra cómo el chamán entona un mito tradicional, y la parturienta, oyendo la historia, que es análoga a la anatomía de su cuerpo, según Lévi-Strauss, tiene un parto más fácil. Cf. también Boechat, 2006b

aludida - para utilizar la expresión acuñada por Kemper (1962) - que es una referencia indirecta al *complejo defendido*; se trata de un medio camino entre la interpretación tradicional y la *amplificación*, en la cual se usa el mito clínicamente de forma más explícita. El tercero de ellos es la *amplificación propiamente dicha*, tal y como la propuso Jung; es el *circumambulatio* (andar en torno) de un área sensible, de una herida psíquica de la cual nos debemos aproximar con cuidado, yendo por lo tanto en círculos, una vez que, al mismo tiempo que es terreno sensible, es receptáculo del misterio. Esa área nunca podrá ser reducida por una sencilla explicación meramente lógica y racional.

Cierta paciente, depresiva, vivía un matrimonio sin muchas perspectivas y tenía una vida profesional vacía, cuando en análisis, descubrió en las técnicas expresivas, en especial en la escultura, un camino para su desarrollo personal. Inicialmente, por resistencia, intentó desvalorizar los objetos artísticos que creaba con su propia actividad manual. Esa desvalorización era parte de su proceso depresivo. La depresión se originó en la infancia, más precisamente a los cuatro años de edad, cuando la paciente fue víctima de seducción sexual e incesto. Su depresión era tal, que cualquier interpretación de su dificultad en realizar un trabajo profesional adecuado sería poco eficaz; una *interpretación aludida* sería del tipo: "¡cómo la sociedad industrial desvaloriza el trabajo manual y artístico a favor del trabajo puramente mental!". Una *amplificación*, que fue la adoptada, en virtud de su intensa regresión en la época fue una referencia al *mito de los enanos en los cuentos de hadas.* Existe el hecho de que los enanos están siempre cerca de oro y riquezas, como los enanos del cuento de Blanca Nieves[31]. En la mitología del cuerpo, los enanos son la representación mitológica de la creatividad de las manos y la posibilidad de relativizar la conciencia centrada únicamente en la corteza cerebral, llevando la conciencia para todo el cuerpo. La mitología de los enanos fue, por lo tanto, una *amplificación* del *proceso de individuación* de la paciente que en esa fase dependió de la conciencia de las manos, complementando la conciencia puramente cerebral. El trabajo manual ayudó en gran medida a reforzar todo el trabajo de elaboración del análisis de sus complejos sexuales familiares no resueltos, de infancia, y sólo posteriormente la interpretación directa pudo ser integrada totalmente dentro del proceso de individuación.

Conclusiones y reflexión final

En este capítulo percibimos un poco de la importancia y el significado de los mitos en todas las culturas en todos los tiempos. Con un papel central en las sociedades tribales en la antigüedad, el mito no perdió su fuerza organizadora de las instituciones y de los comportamientos en la sociedad de la Modernidad. Buscamos también demostrar la presencia de los

---

[31] El mitologema de los enanos poseedores del oro está presente en muchos otros mitos, como los enanos de los Nibelungos, en el ciclo *El Anillo de los Nibelungos*, por ejemplo. En la mitología griega, los enanos aparecen en su creatividad como los dáctilos y cabiros.

mitos en las teorías psicológicas, principalmente en la teoría de la psicología analítica de C.G. Jung. La *mitopoiesis de la psique* se hace sentir en cada persona por su presencia viva en los sueños y fantasías. Se hace necesario reconocer su presencia en las psicoterapias. Jung buscó un método propio de empleo de las mitologías como técnica analítica, al cual denominó *método de amplificación*. En los capítulos siguientes buscaremos demostrar la presencia de diversos mitos en el cotidiano de las personas de la sociedad contemporánea.

2. Cosmogonía y antropogonía:

Los orígenes*

Trataremos del mito cosmogónico griego, así como relató el poeta Hesíodo. Nacido en Ascra, en Beócia, junto al monte Helicón, consagrado a Apolo y a las musas, Hesíodo hace un interesante contrapunto con el gran Homero, nacido casi dos siglos antes.

Mientras el autor de *la Ilíada* y de *la Odisea* habla de hechos de los héroes, seres superiores al común de los hombres, poseedores de la *Timé*, honor personal, y de la *Areté*, la excelencia, en constante contacto con los dioses, siendo por estos ayudado o sufriendo de ellos oposición, Hesíodo canta el trabajo como un medio de perfeccionamiento humano, y la justicia divina, *Diké*, como supremo bien.

En su *Teogonía*, habla no sólo del origen de los dioses y su generación, estructurando así la tradición conservada por los versos de la epopeya homérica,

---

* Conferencia en el Congreso Internacional sobre Mitos, organizado por la sociedad Psicoanalítica de Rio de Janeiro en agosto de 1994, Hotel Gloria, Rio de Janeiro. La conferencia original sufrió diversas modificaciones y ampliaciones.

sino que revela también, inspirado por las musas, a las cuales reverencia, el origen del universo, creando una verdadera cosmogonía.

Desde el punto de vista de la psicología analítica de Jung el mito cosmogónico es, en esencia, el mito del nacimiento de la conciencia. El cosmos existe en la misma medida en que existimos. La génesis del cosmos es la génesis de la conciencia.

Para aclarar las nociones junguianas en relación a la cosmogonía se hace necesario que articulemos los conceptos de arquetipo y de inconsciente colectivo a la mitología. La perspectiva junguiana es una constante *desliteralización* de los hechos del cotidiano, una elaboración de eventos concretos a través de una actitud simbólica. La mitología es muy útil en este abordaje, ya que ella es constituida por imágenes simbólicas. Como enfatiza J. Hillman, no buscamos una *psicologización de la mitología*, sino una *mitologización de la psicología*. Esto se debe a que la actitud lógica y conceptual no es la más importante y definitiva, al contrario de la actitud simbólica, para la cual las imágenes mitológicas pueden contribuir mucho.

Jung entiende los arquetipos como las estructuras básicas del inconsciente colectivo, común a toda la humanidad. Los arquetipos no son perceptibles en sí mismos, así como la cosa kantiana, en sí, no es perceptible. Percibimos, sin embargo, las imágenes arquetípicas, las manifestaciones de estos arquetipos, activados por las experiencias del cotidiano. Las imágenes arquetípicas, en su emergencia del inconsciente colectivo, plasmando estructuras externas como estructuras existentes *a priori*, los arquetipos, son siempre simbólicas, es decir, contienen un aspecto conocido, que remite a la concreción del signo, y un aspecto desconocido, siempre, como una piedra preciosa de varias caras, que, por más que la palpemos, vemos apenas algunos de los lados, permaneciendo desconocidos otros.

Las mitologías fueron literalizadas en la propia Grecia antigua, como es sabido. Heródoto, en el siglo VIII, fue quizás el primero en explicar los mitos como hechos históricos. [32] Explicados como fenómenos derivados del curso solar, por Max Müller, o como otros fenómenos de la naturaleza, o evemerizados de una forma o de otra, los dioses clásicos llegaron hasta nosotros.

Freud buscó en una de las diversas versiones del mito de Edipo, preservada en la tragedia sofocleana, las bases fundamentales para la estructuración de la conciencia. Jung buscó en los mitos de las expresiones del desarrollo psicológico al cual llamó *proceso de individuación*.

Percibimos así, en nuestro tiempo, un rescate del aspecto simbólico del mito. Jung es bien enfático en este punto cuando declara que los dioses de la Antigüedad no murieron, sino que permanecen en el inconsciente colectivo y, cuando son reprimidos, se manifiestan de forma patológica. El culto extático de las drogas y del alcohol en la sociedad industrial apolínea o la adhesión compulsiva al sexo grupal en los años 70 son fenómenos que pueden ser leídos

---

[32] Ver capítulo 1, p. 17.

como una manifestación patológica de Dionisio, el *dios del éxtasis y del entusiasmo*. Hillman recuerda que nuestras aflicciones nos remiten a un complejo, que a su vez apunta para un dios. O diciéndolo de otro modo:

> En ese particular, la teoría, así como la terapia arquetípica de Jung, es tradicional y griega. Ella pregunta: "¿Qué existe en la naturaleza misma fundamental de mi perturbación y mi aflicción que es necesario, auto provocado? (¿causado por el yo?)... Otras terapias... hacen la pregunta más técnica del `cómo´, la terapia arquetípica hace la pregunta más filosófica `qué´ y finalmente la pregunta religiosa `quién´ cuál dios o diosa, qué *daimon* está actuando enteramente en aquello que sucede" (HILLMAN, 1992: 23-24).

Todas estas asociaciones se derivan del hecho de que los mitologemas representan símbolos esenciales del proceso de individuación, o del desarrollo de la personalidad, el proceso "que lleva al individuo a ser lo que realmente es." El proceso de individuación se inicia con la diferenciación del ego de los contenidos del inconsciente colectivo, aún durante el período uterino, cuando el ego no es más que islotes de conciencia que gradualmente se cohesionan, formando una unidad más sólida. Este es el proceso que aparece configurado en varios mitos cosmogónicos. [33]

En su *Teogonía*, Hesíodo canta que en el principio era el *Caos*, el vacío primordial; después vino *Gea*, la tierra, *Tártaro*, la morada profunda, y *Eros*, la fuerza del deseo. El Caos dio origen a *Érebo* (la oscuridad profunda) y a *Nix* (noche). De Gea nacieron *Urano* (el cielo), *Montes* y *Pontos* (el mar) (BRANDÃO 1986: 183ss). [34]

Kerényi relata una bellísima variación del mito cosmogónico hesiódico, preservada por los órficos. La tradición órfica reza que al principio era la noche, Nix, un pájaro negro que puso el huevo plateado primordial. Este huevo, abriéndose, generó Caos. Según Kerényi, Caos quiere decir: *aquello que se abre*. Su parte superior es Urano, el cielo, la parte de abajo, Gea, la tierra. Del huevo primordial, nace, brillante, *Eros*, el *Protógenos, el primer nacido*. [35]

Percibimos en ambas cosmogonías un predominio del mundo ctónico, o telúrico y oscuro. En Hesíodo, la cosmogonía se desarrolla de abajo hacia arriba, de las tinieblas para la luz, del Caos, pasando por los titanes y gigantes, hasta llegar a la tercera generación divina, la de los olímpicos, regidos por Zeus, *el dios luminoso del cielo* (BRANDAO, 1986:331).

---

[33] La verdad, el proceso de individuación no es una tarea reservada a la segunda mitad de la vida, como inicialmente se pensó. En el tercer mes de vida fetal, después de la formación de la retina del feto, la ultrasonografía ya detecta el fenómeno R.E.M (rapid eye movement) indicando la presencia de sueños, y por lo tanto de psiquismo fetal. Ciertos sueños del adulto pueden hablar respecto a ese período de vida fetal. Ver mi artículo: *Espiritualidade e finitude: as questões com o Self.*

[34] Ver el detallado comentario de Junito Brandão sobre la Teogonía de Hesíodo e Brandão, 1986, cap. IX: "A primeira fase do universo: do Caos a Pontos".

[35] Ver Kerényi (1973, Cap. 1.2. "Night, the Egg and Eros", p. 16).

La asociación del inconsciente con lo oscuro es inmediata, así como la luz es característica arquetípica de los procesos conscientes. Estados patológicos limítrofes, en los cuales se manifiestan automatismos inconscientes, son denominados *crepusculares*, como el *estado crepuscular histérico*.

Sin embargo, también la creatividad psicológica se da en estado crepuscular; las intuiciones, las percepciones nuevas que contradicen las repeticiones agotadoras de la conciencia enfocada en el día a día, brotan de factores creativos del inconsciente.

Por eso se habla en análisis de *regresión terapéutica*. No se crea un nuevo cosmos sin volver al Caos, o en la metáfora alquímica tan estimada por los junguianos: no se puede llegar al oro filosófico sin volver a la *prima materia*. La experiencia transformadora del análisis por la transferencia o por los sueños se da siempre por la emoción, mediada siempre por el símbolo. Jung criticó siempre el excesivo énfasis en la *Deese Raison* iluminista. Señaló, al contrario, el concepto, buscado en Paracelso, de la *lumen naturae*, la luz de la naturaleza, que brilla en la noche como las estrellas.

Urano y Gea constituyen la primera pareja parental cósmica, en cohabitación perpetua. Urano impidiendo a sus hijos nacer, los mantiene en el seno de Gea, hasta que al acostarse sobre ella es castrado por el titán Cronos, el hijo menor, que para ello utiliza una hoz. Cronos se casa con su hermana Rea y comienza a reinar en el universo.

Cronos comienza a comportarse como su padre, pues, como él, fue advertido por presagios oraculares provenientes de Gea que un hijo suyo lo destronaría. Comienza entonces a devorar a sus hijos tan pronto nacían. Nuevamente, es el hijo menor quien, con la ayuda de su madre, destronará al padre. En el caso, es Zeus quien pone grilletes en Cronos y libera a sus hermanos devorados, haciendo que Cronos los vomite a través de un líquido emético ofrecido por su hermana Metis.

Consolidado su poder, después de una dura batalla con los gigantes, la *Gigantomaquia*, Zeus se casa con Metis. Lo que consideramos de la mayor importancia simbólica es que Zeus es advertido de que Metis podría dar a luz a un sucesor suyo, como dice el oráculo: "un joven con un corazón de conquistador que será señor de los dioses y de los hombres". Así advertido, Zeus se comporta exactamente como sus ancestros Urano y Cronos: ¡Zeus devora a Metis!

Zeus, el principio del relativismo en el politeísmo griego, *el padre de los dioses y de los hombres*, como lo llamó Homero, se comporta aquí exactamente como su ancestros masculinos de las dos generaciones anteriores, devorando a los hijos, inseguro y temeroso de renovación. La narrativa mitológica revela de forma clara lo que Freud llamó *compulsión de repetición*.

La verdad, verificamos, desde el primer par arquetípico de los padres del mundo Urano y Gea, una interesante polarización entre el arquetipo de la Gran Madre, Gea, o posteriormente Rea, y los arquetipos masculinos Urano, Cronos y Zeus. El arquetipo de la Gran Madre es la matriz original, el arquetipo del inconsciente en su aspecto estático, como recuerda Jung citando a Fausto, de Goethe: *el reino de las madres.*

Ya Urano, Cronos y Zeus simbolizan el dinamismo del arquetipo masculino, siempre moviéndose hacia la conciencia, pero introduciéndose en las dimensiones del espacio y del tiempo. De ahí el constante temor de la sucesión temporal, la actitud agresiva de castrar y devorar. Este movimiento contrasta con la inmovilidad de la Gran Madre, la señora atemporal de los oráculos, inmutable.

El aspecto fálico, mental y penetrante del arquetipo de lo masculino le da también características de temporalidad. De ahí que el arquetipo del espíritu está ligado a la tradición, y a las expresiones como *Zeitgeist*, espíritu del tiempo, y espíritu burgués del Brasil, por ejemplo.

El movimiento de devoramiento filicida, típico de la tradición cultural falocéntrica, tiene, sin embargo, un fin. Zeus siente una intensa cefalea, después de devorar a Metis. Son los dolores de parto, pues de su cabeza nace la *mujer semejante a un hombre,* prevista por el oráculo: es Palas Atenea, totalmente armada para el combate, en armadura fulgurante.

Dentro de una lectura arquetípica, llamaríamos a Atenea como una figura de *Ánima,* el *Ánima* de Zeus. El *Ánima,* la feminidad inconsciente del hombre, preside su proceso de individuación. Sólo después de la elaboración del *Ánima,* la actitud de devoramiento competitivo típico del patrón patrilineal cesa, y un equilibrio reina entre los olímpicos, con seis dioses y seis diosas, bajo la égida de Zeus.

La cosmogonía de Hesíodo revela el drama mítico del surgimiento de la conciencia en una serie de imágenes arquetípicas. Ya en la primera generación divina se organiza la primera estructura arquetípica después del Caos de los orígenes: son los padres del mundo, Urano y Gea, mitologema frecuente en varias mitologías.

Los *padres del mundo* aparecerán en la mitología egipcia, con el padre Geb, la tierra, en cohabitación perpetua con la madre Nut, el cielo estrellado. Para separarlos y para que el proceso de creación tenga secuencia, aparece Shu, la atmósfera, que cumple aquí la tarea del titán Cronos. La cultura Nagó africana tiene la tradición de los padres originales en convivencia en un jarro redondo, la calabaza, Obatalá, y Oduduá, en el principio del universo.

El motivo de los *padres del mundo* es un motivo arquetípico, y está presente en la noción psicoanalítica de la *escena primaria*. Naturalmente, la escena primaria no habla la verdad de vivencias concretas que el niño tiene de sus padres teniendo sexo, sino de la fantasía que tiene de este hecho, y de la importancia de estas fantasías para la organización de la personalidad.

El matricidio y el parricidio simbólicos son fundamentales para el gradual establecimiento de la identidad como ser separado ya en las etapas iniciales del proceso de individuación. Así la conciencia puede evolucionar de las tinieblas iniciales para la luz, del Caos a Zeus, del teratomorfismo al antropomorfismo (Junito Brandão).

Sin embargo, en el proceso analítico, es importante que no nos disociemos de nuestros orígenes, de nuestro *Caos* original, pues solamente de él puede estructurarse un nuevo *cosmos*. Por eso todo análisis del inconsciente es una anamnesis, un proceso de reconstrucción, no una anamnesis profana, sino un recordar sagrado, un autentico *epistrophé, retorno a los orígenes*, regreso a las ideas arquetípicas fundamentales.

Por eso los griegos adoraron a *Mnemósine*, la diosa memoria, patrona del conocer y del reconocer. Por eso Hesíodo, al inicio de su *Teogonía*, hace un canto de alabanza a las musas, protectoras del monte Helicón, donde pastoreaba su rebaño. Las musas no son apenas inspiradoras del arte poético, sino que, como hijas de Zeus y Mnemósine, la memoria sagrada, presiden también el propio arte de *epistrophé*. Debemos rescatar, por lo tanto, nuestras cosmogonías, integrando la luz de la conciencia a las oscuridades de los orígenes.

3. Mitos y arquetipos del masculino*

En el Congreso Internacional de Psicología Analítica ocurrido en agosto de 1992, en la ciudad de Chicago, numerosos analistas junguianos, provenientes de varias partes del mundo, se reunieron por ocho días. Como en cualquier congreso, hubo conferencias y un intenso intercambio de ideas y experiencias.

Algunos eventos de la programación, sin embargo, me llamaron la atención de forma especial. Entre ellos, siguiendo la tradición norteamericana, fueron realizados encuentros dinámicos llamados *almuerzo para hombres* y *almuerzo para mujeres.*

En el almuerzo para hombres, fue posible encontrarme con un gran número de analistas de varios países y culturas, con una gran diversidad de personalidades y modos de ser. En varias mesas, cerca de setenta hombres, algunos conocidos míos - incluso de mi formación en el Instituto C.G. Jung en Zurich - y otros completamente desconocidos, formaban grupos heterogéneos de conversación.

El canadiense Gui Corneau promovió una dinámica grupal para hombres. En una primera etapa, nos

---

* Capítulo anteriormente publicado en el libro organizado por mí *Mitos e arquétipos do homem contemporâneo.* Está aquí publicado con diversas alteraciones.

reunimos en mesas, donde los participantes - preferencialmente de nacionalidades diferentes y que no se conocieran anteriormente - intercambiarían ideas de forma libre, espontánea. Posteriormente, los grupos de las diversas mesas se pusieron en pié, dándose las manos, y participaron de una fantasía dirigida. En una última etapa, aquellos que así lo desearan podrían expresar lo que habían sentido.

Mis sensaciones fueron bastante significativas. Fue curioso estar almorzando, actividad básica, nutritiva, corporal, en medio de hombres solamente, gran parte de ellos desconocida.

Siempre asocié el alimento y el comer a lo femenino (léase: *arquetipo de la Gran Madre*) o al seno kleiniano. Nuestra cultura está realmente dominada por el arquetipo de la Gran Madre, poderosa, donadora, encubierta por el tenue barniz del patriarcalismo. De ahí se desprende que continuemos todavía siendo al mismo tiempo, y defensivamente, el país de los coroneles**.

La verdad, en el Brasil contemporáneo, así como en América Latina en general, el arquetipo del padre aún no se manifestó en su plenitud, como el portador del *logos spermatikós* - como dijo Jung cierta vez -, la palabra creadora. El padre es quien moldea la conciencia colectiva, y esto ya fue internalizado por los pueblos europeos que pasaron por una Edad Media y pudieron vivenciar un *renacimiento*.

** Expresión típica brasileña que se refiere al abuso de la autoridad (n.d. t.).

En nuestra cultura, por el contrario, el arquetipo del masculino (o del padre) es vivenciado concretamente como regímenes dictatoriales extremadamente represivos y por la figura dominadora del coronel del interior. Estos pensamientos se me ocurrían mientras dialogaba con colegas, en su gran mayoría de Europa y Estados Unidos, en culturas bastante diversas a nuestro medio latino, brasileño.

Sin embargo, tratándose de estructuras psíquicas del *inconsciente colectivo*, estas siguen dinámicas básicas arquetípicas, esencialmente iguales, con ropajes diversos de acuerdo con cada grupo cultural. En la problemática del masculino, hay un principio arquetípico que opera en las diversas culturas de forma más o menos predecible.

En el Occidente civilizado, hay actualmente un creciente movimiento de emancipación de la mujer. Este movimiento cultural pone en escena la búsqueda de nuevos roles para la mujer - y para el hombre. El referencial teórico de Jung, con su concepto de *ánima*, la tonalidad femenina en el inconsciente del hombre, y su equivalente en la mujer, el *ánimus*, tiene un enorme valor en la apreciación de tales cambios.

En ese momento, entonces, yo participaba de aquella dinámica grupal para *hombres* con enorme curiosidad, pues siempre supe de la amplia literatura en psicología, antropología y ciencias sociales sobre el feminismo y me decepcioné hasta ahora con la carencia de material publicado sobre el *nuevo hombre* que acompaña las transformaciones de la mujer moderna.

Sí, creo que es vital hablar del nuevo hombre, pues, si la mujer adquiere nuevos espacios en el universo político y profesional, ella está siempre interactuando con el hombre dentro de aquel modelo arquetípico que Jung denominó el *cuaterno del matrimonio*, mujer-hombre-ánimus-ánima.

El cuaterno del matrimonio fue la estructura usada por Jung para explicar las bases arquetípicas de la relación transferencial en psicoterapia; es una estructura arcaica ya detectada por el antropólogo Layard (s.d.) en las formas típicas de *matrimonio de primos cruzados,* entre pueblos pre-letrados.

La cuestión de la escolástica medieval *mulier habet animam*? realmente no tiene más cabida en la cultura actual, por lo menos conscientemente. La mujer sí tiene espíritu, liderazgo y creatividad. Es verdad que para obtener estos nuevos espacios ella necesita de la cooperación del nuevo hombre. Él coopera y al mismo tiempo es transformado por la nueva mujer.

La verdad, la cuestión del masculino surge en seguimiento a las conquistas del movimiento feminista. ¿Qué hombre es ese que *cede lugar* en vez de reprimir como la tradición del patrismo exige? Este será un hombre con una relación bastante creativa con su *ánima*, su feminidad inconsciente. Así, el femenino externo, concretado en la mujer, no lo amenaza, sino más bien es un llamado para la integración.

Dentro de varias culturas llamadas modernas la dinámica del *ánimus* y del *ánima* sigue siendo la misma en su raíz por ser arquetípica. Pensé en esto cuando me levanté y formé un círculo con varios colegas cercanos, como fue solicitado de acuerdo con el proceso de movilización.

En seguida nos dimos las manos y cerramos los ojos, iniciando el método de imaginación dirigida. El contacto corporal entre hombres - las manos tomadas - se convirtió en objeto de reflexión, y, por los comentarios posteriores, resultó ser la experiencia que más movilizó. Varias asociaciones dejaron claro cómo el contacto corporal entre hombres se convirtió en tabú.

El cuerpo, la expresión material de la personalidad, es nuestra materia perceptible. Es *mater-ia*, perteneciente al universo de lo maternal-femenino. Quedó clara la dificultad del contacto corporal entre los hombres. Las asociaciones más impresionantes para mí fueron las de un analista americano, de barba blanca, aparentando unos setenta años.

Él dijo que le causaba una enorme extrañeza tomar por tanto tiempo las manos de otros dos hombres. Ser afectivo significaba dar las manos, y desde temprano fue educado para ser afectivo solamente con mujeres, en un contexto de virilidad y sexualidad dominadora. El ser afectivo con hombres representaba otro universo: el estar en contacto con su afectividad genuina. Y, enseguida, dijo: "siempre fui educado para competir con los hombres, para superarlos; ya superé muchos hombres, *ya maté varios hombres...*"

Escuché eso como un puño en mi estómago. Aquel hombre hablaba de la muerte concreta de otros hombres, intencional, típica de nuestra cultura, la muerte derivada de la guerra. Por su edad, supuse que sería en la Segunda Guerra Mundial, y no en Vietnam. La guerra, la competencia masculina arquetípica elevada a nivel nacional, acompañada de muerte colectiva, la muerte de ideologías que luchan contra otras...

La mitología es un soñar colectivo de los pueblos. Los temas míticos retratan situaciones humanas básicas, arquetípicas, como las llamó Jung. El tema de la competencia masculina me trae a la mente no solamente los numerosos ejemplos de pacientes que sufren la amenaza de castración por el padre, sino de forma particular el mito de la cosmogonía de Hesíodo.

¿Por qué me acuerdo especialmente de este mito? Toda cosmogonía mítica, vista psicológicamente, es realmente la formación de la conciencia. La Grecia antigua fantasea la creación del universo; en realidad, el ego que se estructura es el mundo que se forma.

El comportamiento humano sigue patrones que pueden ser comprendidos de forma más o menos nítida por los llamados arquetipos. Todos los seres humanos, independientemente de raza u origen cultural, poseen los mismos arquetipos, estructuras básicas de la mente humana, los contenidos del inconsciente colectivo, como lo llamó Jung.

La verdad, el tejido del cual están hechos los sueños, las fantasías y la imaginación es el mismo, pues está constituido por los arquetipos.

Los arquetipos constituyen y son responsables por la facultad mitopoiética de la mente humana, sus facultad creadora de mitos. En la concepción de arquetipo, Jung se valió de disciplinas afines a la psicología, como el estudio de religiones comparadas, cuentos de hadas y mitos. En estas expresiones simbólicas del alma colectiva pudo detectar imágenes semejantes a las encontradas en sus propios sueños y de innumerables pacientes.

Es en este momento que la mitología y la psicología se dan las manos. Los mitologemas, los núcleos constitutivos de todo mito, constituyen expresiones en imágenes de los arquetipos, que son, en sí mismos, incognoscibles. El mitologema del héroe que enfrenta al monstruo, y, superándolo, obtiene la mano de la princesa, expresa el drama psicológico de hombres y mujeres que, heroicamente, buscan superar aspectos indiferenciados de la personalidad (monstruo) para lograr una integración del inconsciente creativo o *ánima* (princesa).

Nada mejor que los mitos, por lo tanto, para describir las posibilidades del masculino, o los arquetipos masculinos. Lo que estamos haciendo es una psicomitología del masculino, favoreciendo una mejor comprensión del nuevo hombre que debe surgir, a mi entender, a partir de la nueva mujer, y del movimiento feminista, que está madurando más y volviéndose más creativo, proporcionando, o incluso induciendo, de forma sutil (femenina) a que el hombre reflexione sobre sí mismo, y busque transformarse, adaptándose a los nuevos tiempos de la relación íntegra de hombre-mujer.

Deseo volver aquí a las poderosas imágenes de la genealogía de Hesíodo que discutimos en el capítulo 2. Lo que parece de la mayor importancia, tanto mítica como psicológica, es que Zeus reacciona exactamente de la misma forma que sus antepasados Cronos y Urano, cuando es amenazado por la sucesión temporal: ¡Zeus devora a Metis!

Aquí se representa la problemática sombría de los arquetipos del masculino, la constante competencia, característica de la cultura machista, la incapacidad de la creatividad y originalidad. Las diferentes generaciones repiten la actitud de devoramiento, de padre para hijo.

Freud denominó este constante impulso de repetir *compulsión de repetición*, el instinto de muerte, la esencia de la neurosis.

La narrativa mítica proporciona, sin embargo, una posible salida para este aprisionamiento del masculino devorador. Zeus va a sentir, tiempos después, una terrible cefalea. Su cabeza duele porque él sufre de los dolores del parto, pues de ella nace, ya vistiendo armadura y portando una lanza, la favorita de su padre-Zeus, Palas Atenea. "La mujer semejante a un hombre" (Homero), que fuera profetizada por el oráculo, finalmente nace.

Dentro de una lectura arquetípica de la psicomitología, Atenea representa el arquetipo del *ánima*, la capacidad de fantasear y de imaginar que brota de la mente masculina. En el momento en que este brote ocurre, los sucesivos devoramientos cesan, y el equilibrio se instala en el Olimpo.

La configuración del panteón griego corresponde grosso modo a un proceso histórico gradual, según lo relata el prof. Junito Brandão, en su primer volumen de una serie de tres, titulados *Mitología griega*, y publicado por la editorial Vozes. Hordas de los pueblos hindo-europeos provenientes del centro de Europa y adorando dioses masculinos, rindiendo culto a la guerra, domadores de caballos, dominaron fácilmente los pueblos agrícolas del litoral del Peloponeso y regiones vecinas. La influencia oriental y cretense en el politeísmo griego es responsable por la presencia marcante de diosas madres, del arquetipo de la Gran Madre en diversas formas. Esta realidad histórica es un reflejo del equilibrio que se establece entre los olímpicos: seis dioses y seis diosas.

Históricamente, por lo tanto, hay culturas de patrismo (pueblos indo-europeos) y de matrismo (Creta). ¿Será posible una integración de estos dos principios? La posibilidad de esta integración aparece en la imagen mítica del nacimiento de Atenea de la cabeza de Zeus. Este nacimiento mágico representa la constelación del arquetipo del *ánima*. Sólo a partir de esta confrontación con el femenino subjetivo puede el hombre liberarse de la compulsión a devorar que el propio patrismo le impone.

En el propio Mito de Edipo el devoramiento filicida aparece pero es poco valorizado. Freud se preocupó con la temática del parricidio - Edipo mata a su padre Layo - y del incesto – se casa posteriormente con su madre Yocasta.

Sin embargo, se dejan comúnmente de lado los inicios de la narrativa mítica. Layo, tal como sus remotos ancestros míticos Urano y Cronos, se comporta como un padre filicida, dentro del linaje legítimo de los arquetipos masculinos dentro del patrismo. Consulta el Oráculo de Delfos - ¡nuevamente el oráculo! – y este prevé que su esposa dará a luz a un hijo que lo matará y lo sucederá, casándose con su propia madre. Layo enseguida dispone la muerte de Edipo, tan pronto este nació. Por diversas circunstancias, Edipo acabó siendo expuesto y abandonado en el Monte Citerón, escapando de la muerte por filicidio, siendo después recogido por sus padres adoptivos.

Cuando posteriormente Edipo encuentra un extraño en el *trívium*, sendero de tres caminos, lucha con él y lo mata sin saber que se trataba de su propio padre. Este parricidio inconsciente es más valorizado que el filicidio consciente anteriormente practicado. Diversos autores han denunciado el problema del filicidio en el patrismo, Alice Miller y Raskowski entre otros.

Como mencioné anteriormente, la salida para el problema de la tiranía de los arquetipos masculinos se da a través de la integración del *ánima*. El hombre que se relacione de modo cada vez más consciente con su feminidad inconsciente, que se manifestará como creatividad, imaginación y sensibilidad, es el hombre del futuro, que podrá cuestionar los patrones neuróticos de repetición y devoramiento.

Es mi opinión que los movimientos feministas han contribuido mucho para la reflexión sobre la necesidad de este nuevo hombre. La nueva mujer ha influenciado de forma sutil -¡femenina!- el reposicionamiento del hombre, que busca una posición nueva y más interactiva en la cultura actual.

En este contexto, es significativo que surjan un buen número de asociaciones en el Primer Mundo para el estudio del comportamiento masculino. Incluso en Brasil, ya surgió la Asociación Brasileña de Investigación sobre el Comportamiento Masculino, en la PUC-RJ[i]. Esto sin mencionar diversas publicaciones de buen nivel que buscan reflexionar sobre la individuación del hombre. Encuentro significativo que esta preocupación cultural con lo masculino sólo surja de forma significativa después del esfuerzo de transformación cultural ejercido por la mujer más concienciada.

Estamos, pues, esperando la venida de este nuevo hombre anticipado por el mito. Y ya sabemos y presentimos que la mujer actual vehiculará este hombre que esté libre de la compulsión devoradora, y esté en paz con su sensibilidad.

Pero podemos percibir por la narrativa hesiódica la importante polarización entre el arquetipo del padre y el arquetipo de la Gran Madre. Este último es estático, material, auto contenido. Por contraste, podemos concebir el masculino arquetípico como intrusivo, penetrante y mental.

---

[i] PUC-RJ- Pontifícia Universidad Católica de Rio de Janeiro (n.d.t.)

Jung siempre caracterizó el arquetipo del masculino como relacionado con el desarrollo de la conciencia, tanto en hombres como en mujeres, mientras que el arquetipo del femenino es normalmente asociado al inconsciente (*el reino de la madres* - Fausto).

En la *Teogonía* de Hesíodo el arquetipo del masculino, al contrario del femenino, está nítidamente sometido a la temporalidad. Existe siempre la idea de sumisión por la nueva generación y el miedo de la pérdida del poder temporal. La verdad, el arquetipo del padre está siempre asociado a la cultura y a la tradición. El "arquetipo del espíritu" pertenece a la esfera de lo masculino y se opone al arquetipo de lo femenino, asociado a la concreción material. La naturaleza cultural del espíritu está asociada a ciertas expresiones, como *espíritu del tiempo* (*Zeitgeist*), o el *espíritu burgués en el Brasil*.

El masculino, ya sea expresado por el arquetipo del padre o por el *ánimus*, guarda sus características de ser penetrante, creativo, transformador, el *logos spermatikós,* como lo llamó Jung.

El hombre crea su propio mundo a través de la conquista de la naturaleza, normalmente atribuida al femenino; la conciencia, de naturaleza masculina, se despliega a partir de la palabra y el discurso (*logos*) diferenciándose gradualmente del inconsciente, el *reino de las madres.*

Greenfield (1985), enfatizando en la relación del masculino con la creación de la conciencia, puso de manifiesto el fenómeno de la personificación del arquetipo, buscando además distinguir algunos de sus aspectos. La autora destacó diversos aspectos de lo masculino: el niño, el Don Juan, el *trickster* (embustero) picaresco, el héroe, el padre y el viejo sabio. Considero capital esta valorización del importante fenómeno de la personificación, que es espontáneo dentro del proceso de individuación de hombres y mujeres.

El niño es también llamado por Jung (1941), von Franz y otros autores post-junguianos *puer aeternus*, denominación dada por Ovidio a Cupido, como dios-niño, hijo de Venus. El *puer* personifica bien el masculino en estado naciente, emergente en el psiquismo, sin poder fálico de penetración y conquista a no ser por la seducción que ejerce por su propia fragilidad.

Las diferentes configuraciones mitológicas muestran al *puer* siempre asociado a una Gran Madre: Adonis y Afrodita, Attis y Cibeles, Tammuz y Astarté, Eros y Afrodita. Estas asociaciones con grandes diosas orientales caracterizan el brote inicial del espíritu aún inmerso en el inconsciente, dependiente, sin voluntad. Naturalmente, el *puer aeternus* muere temprano dentro de la sucesión temporal, siendo *aeternus* sólo mientras era *puer*. Hijos de la Gran Madre tierra, son frecuentemente asociados a flores que brotan exuberantemente sometidas al flujo de las estaciones, muriendo enseguida, como mueren Jacinto, Adonis, Narciso.

Las ideas mitológicas están asociadas a los fenómenos de la naturaleza y al mismo tiempo expresan los arquetipos del inconsciente colectivo.

Siendo simbólicas, permiten varios planos de interpretación; son polisémicas, y el arquetipo *puer* representa al mismo tiempo imagen mítica, acontecimiento natural y condición psíquica.

Desde el punto de vista del estudio de las neurosis, el arquetipo del *puer aeternus* es por demás complejo, apareciendo en la clínica bajo los más diversos ropajes. Infantil, dependiente, apegado a la madre, como su configuración mítica, el *puer* se reúsa a crecer, a ser responsable, a sujetarse a la sucesión temporal, como ya lo hiciera Dorian Gray en la obra de Oscar Wilde. Dificultades en la identificación sexual son frecuentes en el hombre preso en el complejo del *puer aeternus*.

Hillman (1979) buscó describir otra conexión de *puer* que no fuera la de la Gran Madre, llamándola constelación *puer-senex*. Aquí el espíritu joven se organiza en función de la renovación del viejo, el *senex*. El eje *puer-senex* es vertical, espiritual; el *puer aeternus* se pierde en la concreción y materialidad de la madre. El *senex*, como espíritu tradicional, saturnino, necesita del joven puer para vitalizarse; este último busca la madura sabiduría del *senex*. Se crea así una polarización necesaria para la renovación psíquica que encontraremos frecuentemente en los procesos transferenciales. El aspecto de verticalización espiritual es necesario para el pleno desarrollo del masculino, y esta relación vertical *puer-senex* es piedra angular en su desarrollo.

Un paciente me buscó con quejas de dificultad en las relaciones. Aunque bien ubicado profesionalmente, en la franja de los treinta años, su búsqueda de identidad sexual lo hacía sufrir enormemente. En su trabajo, cuando era encargado de transmitir instrucciones a subordinados de su área, lo hacía extremamente bien, pero, paralelamente con el aspecto técnico de sus instrucciones, desarrollaba normalmente una intensa amistad con los practicantes, en su mayoría del mismo sexo. Mantenía constantemente relaciones homosexuales, siempre con personas externas al trabajo; su homoerotismo dentro de la institución no era sexualizado.

Sin embargo, por el trabajo de reconstrucción, se notó la *gran ausencia de autoridad* en su casa. Tanto el padre como la madre se mostraron extremadamente omisos desde su infancia. La ausencia del padre como agente iniciador del paciente en su masculinidad es determinante en su compulsión en la vida adulta en "iniciar" a otros, ya sea profesionalmente, intelectualmente, sea incluso sexualmente, en sus relaciones homosexuales, donde siempre adoptó la postura activa.

Es importante, siempre que nos detengamos en el problema arquetípico de la iniciación, que recurramos a datos de la antropología. Jacoby (1971) recuerda que en diversos grupos de pre-letrados en el África, la iniciación en la pubertad se hace de modo singular. Los adultos de la tribu inician al púber en las leyes y en los mitos tribales, retirándolos del mundo de la madre y abriéndole el mundo masculino por el coito anal; es una iniciación *per anum*. Esto se debe a las propiedades mágicas del semen, agente masculino transmisor del saber, una concreción del propio *logos*.

Este relato antropológico ilustra la situación analítica, en el contexto de aquello que Jung denominó *amplificación*. La historia personal del paciente se convierte así en colectiva, arquetípica y adquiere significado. El paciente, en este caso, sin contacto con el padre personal, encarna compulsivamente el padre arquetípico iniciador, iniciando intelectualmente en el lugar de trabajo, y sexualmente en su vida sexual privada, transitoria, vivida con gran culpa y ninguna autorrealización.

Pero, recordando que el análisis es en esencia un proceso de iniciación, percibiremos en la transferencia la continuación de esta vivencia arquetípica y una gran oportunidad para elaborarla. Es una oportunidad de elaboración porque en la transferencia se está repitiendo la esencia del fenómeno de la estructuración del masculino, porque yo, como analista, represento al padre arquetípico iniciador. El paciente vivencia así el papel de iniciando que no desempeñó en la infancia, se torna poco a poco libre del pesado fardo del desempeño compulsivo del arquetipo del padre. La inversión patológica de la díada *puer-senex* cede gradualmente lugar a la estructuración normal del masculino vía transferencia.

El paciente citado presentó en el curso del proceso analítico diversas heridas típicas del *puer aeternus* además del sufrimiento con la incesante búsqueda de identidad sexual. Un rechazo persistente a entrar en la temporalidad de la madurez fue una constante.

El apego a una antigua foto en la tarjeta de identidad y una cirugía facial no tan necesaria expresaron la búsqueda de la eterna juventud. El analista funcionando todo el tiempo como figura del padre temporal puede crear una tensión transferencial peligrosa. Estos fueron elementos a elaborar.

La figura de Don Juan, el conquistador, es bastante conocida como estereotipo de la inmadurez masculina. Su falicismo obsesivo esconde su homosexualismo mal resuelto, en mujeres huidizas se disfraza la madre. La ópera *Don Giovanni,* de Mozart, muestra de forma clara las dificultades con el padre, el principio del *logos*, en la estructuración del ego, en la enorme tensión entre Don Giovanni y el Comendador, padre de una de sus seducidas. Son bien conocidos el asesinato del Comendador por Don Giovanni en duelo y su reaparición como estatua de piedra, que precipita al seductor a las llamas del infierno.

El motivo de la petrificación-estatua de piedra demuestra la inviabilidad de interacción del ego con el arquetipo del padre. Este es vivenciado sólo como castigo, y sus aspectos estructurantes fundamentales no son integrados.

La figura de Don Juan se mezcla con la figura del *trickster*, símbolo arquetípico descrito por Jung (1954). El arquetipo del *trickster* es tomado de la antropología. Paul Radin describió la presencia de esta curiosa figura entre los indios norteamericanos Winnebago. Sin límite o ley alguna excepto su propio deseo, el *trickster* representa la antítesis de los valores culturales establecidos e integrados por la conciencia colectiva en forma de rituales. La verdad, él aparece incluso en estos rituales personificando la antítesis de la actitud esperada, tristeza en los matrimonios y nacimientos, alegría en la muerte.

Extraños relatos describen el comportamiento disociado del embustero *trickster*. Incluso su cuerpo no es una unidad, separándose frecuentemente en partes autónomas. Su falo deja el cuerpo y fecunda a una mujer, después de atravesar un río de la aldea.

La verdad, el embustero personifica el arquetipo de la inversión, sacando a flote todo lo que es reprimido culturalmente. La fiesta cultural que actualmente caracteriza su presencia es el carnaval. Los disfraces de colores y multivariados representan aspectos del arquetipo de la sombra personal y colectiva que durante las festividades son expresados públicamente.

Esta manifestación catártica del arquetipo de la sombra tiene un efecto benéfico sobre la conciencia colectiva. La sensualidad es vivenciada de forma juguetona, la agresividad y destructividad latentes en el inconsciente son manifestadas de forma lúdica, en trajes que expresan más de lo que disfrazan.

Culturalmente, el embustero tiene la función terapéutica de conectar la cultura con sus núcleos instintivos más profundos, impidiendo así que ella se torne desarraigada. Esta curiosa figura arquetípica, siendo un contenido del inconsciente colectivo, aparecerá de diferentes formas en las más diversas manifestaciones culturales, y no sólo como el *trickster* Winnebago. En la literatura, aparece como el héroe picaresco español; en el teatro es el bufón de la corte en El Rey Lear. Aquí, Shakespeare describe de forma admirable cómo el embustero, personificado por el bufón, compensa la conciencia colectiva desgastada y disociada, personificada por el viejo rey. En la literatura brasileña, aparece como Macunaíma, *el héroe sin ningún carácter*.

Así como colectivamente el embustero tiene un valor terapéutico, también lo tiene su psicodinámica a nivel del individuo. El *trickster* representa el masculino emergente, trayendo valores inaceptables para la *persona,* pero que revitalizan al ego desarraigado del instinto.

Como todo símbolo, el *trickster* expresa una polisemia ambigua. Renovación de conciencia, espontaneidad, vitalidad y creatividad acompañan ciertas constelaciones de este arquetipo en la conciencia. Otras veces, sin embargo, el ego es amenazado con la disociación, en estados de intensa regresión. He encontrado estas situaciones ambivalentes en pacientes extremadamente creativos, pero incapaces de relacionarse con cualquier límite de la *persona*, empezando por el propio contrato terapéutico.

El arquetipo del héroe representa la propia energía psíquica que transita entre el arquetipo del sí-mismo y el ego. Entre las personificaciones del masculino es la más general, oscilando desde el *puer aeternus* hasta el padre. Sólo el *viejo sabio*, por su trascendencia y su aspecto cósmico, escapa a un carácter heroico.

El héroe por su naturaleza está asociado a los *ritos de paso*, centrales en la estructuración de la conciencia. Otto Rank se preocupó con la psicología del héroe, asociándolo con el gran pasaje del nacimiento. Winnicott, con su concepto de *fenómeno transicional,* buscó describir las transiciones vitales en la organización de la conciencia.

Los ritos de paso descritos por van Gennep, en términos sociales, corresponden al fenómeno transicional de Winnicott, en el desarrollo del *ego* individual. En ambas situaciones, el arquetipo del héroe desempeña un papel central.

Centrándonos en el individuo, el fenómeno transicional es un pasaje del ego de un nivel de conciencia a otro más diferenciado. Es un fenómeno energético. El héroe, actuando en el eje ego – sí-mismo, proporciona a la conciencia la energía necesaria para una adaptación a un nuevo estado del ser.

Los diversos rituales de paso, desde el nacimiento físico del individuo (Rank), pasando por la separación del seno (Winnicott) y las otras diferentes transiciones hasta la muerte, constelan el arquetipo del héroe.

El modelo mítico muestra siempre el mitologema del héroe que mata al monstruo. Este mitologema da forma a la estructuración de la conciencia a partir del inconsciente. La muerte del monstruo simboliza el dominio o represión de impulsos instintivos primitivos. Se forma aquí la oposición instinto-cultura definida por Freud.

Sin embargo, hay mitos de epopeyas personificados por heroínas. Estas normalmente no matan al monstruo sino que, en cambio, se casan con él. El cuento de hadas *La Bella y la Bestia* ilustra bien esta situación, también formada en el mito de Eros y Psique.

Estas variaciones míticas parecen indicar que hay otros modelos míticos de estructuración de la conciencia que no son los del ego heroico (Hillman, 1977). El modelo típico de ego occidental, disociado de los instintos, parece no ser el único.

Es probable que la heroína, como mujer, personifique una posibilidad de la tan buscada *coniunctio oppositorum* alquímica, la unión de los opuestos, la última y más difícil de las operaciones, pues representa la unión del inconsciente y de lo consciente, objetivo final del proceso de individuación. La heroína estructura la conciencia, pues realiza el acto heroico; al mismo tiempo, sus valores son del inconsciente, pues pertenece al dominio de lo femenino, de la emoción.

El héroe como arquetipo, existe mientras hay una tarea externa que lo constele, mientras haya un rito de pasaje o de transición.

J. Campbell describió lo que llamó el *monomito*, el ciclo mitológico típico de todos los héroes, un uróboros cerrado sobre sí mismo.[36]

El uróboros del héroe incluye nacimiento mágico, separación, iniciación por un espíritu tutelar, hechos mágicos, *hýbris* (o pecado del orgullo) seguido de castigo, muerte y apoteosis.

Es muy importante recordar que el monomito incluye la muerte del héroe, después de cumplir su tarea. Psicológicamente, el correlato de esto es que el arquetipo del héroe vuelve al inconsciente, una vez acabada su tarea. Debemos simplemente dejarlo ir. Una identificación con el arquetipo del héroe produce el fenómeno patológico de la inflación, que se encuentra con bastante frecuencia en nuestros consultorios. La inflación se caracteriza por una omnipotencia totalmente disociada de la realidad, por un intento persistente de construir lo real no de acuerdo con los límites de lo posible, sino según los impulsos del deseo individual.

Como ya mencionamos, el arquetipo del héroe permea todas las manifestaciones del masculino, en su tarea arquetípica de estructurar la conciencia. Sin embargo, el arquetipo del padre tiene una especificidad mucho mayor.

El padre, como tercer elemento, es fundamental en la estructuración del ego. Freud describió la estructuración de la personalidad infantil creando una verdadera mitología del cuerpo (recordando siempre que la mitología es una verdad psíquica). En esta mitología, basada en los orificios corporales, habría tres fases básicas de desarrollo, oral, anal y

---

[36] La palabra monomito es un neologismo creado por James Joyce. El término aparece en *Finnegans Wake*. Sobre el ciclo del héroe cf. cap. 4: "Perseo, el arquetipo de la reflexión".

fálica. En una lectura arquetípica, el arquetipo de la Gran Madre está asociado a la fase oral, el *ánima* y el *ánimus* a la fálica y el arquetipo del padre a la etapa anal.

Con los inicios del dominio de la musculatura esquelética del ano, musculatura voluntaria, se instaura el arquetipo del padre a nivel corporal. El dominio de la evacuación y de la micción ya caracteriza la manifestación del principio de la ley, de lo permitido y de lo prohibido, ya en el primer año de vida.

Enseguida se produce la bípede estación que provoca la polarización cabeza-genitales, asociada a lo que Freud llamó el *polo anal,* simbólicamente tan importante en la dinámica corporal. Dentro de todo este dinamismo, se inicia el milagro del habla.

La transición de la esfera del arquetipo de la madre para el arquetipo del padre es de suma importancia. En los primeros meses el niño gatea, su cuerpo junto al suelo-madre. El pasaje de la horizontalidad para la verticalidad de la bípede estación señala a un nivel corporal, visible, la laboriosidad del arquetipo del padre. Es una fase delicada, pues un nuevo agente arquetípico está entrando en escena.

Ya presencié una situación clínica en la cual el paciente buscó terapia después de numerosos intentos de curar un vértigo recurrente, diagnosticado como laberintitis. En el proceso de reconstrucción de su historia pasada, se verificó que el paciente no había tenido la experiencia del gatear, tan importante en la transición para el caminar.

Inmediatamente era iniciado el gateo, una madre ansiosa y aparentemente servicial cargaba al niño en sus brazos.

Sus vértigos, ya adulto, demostraban su dificultad espacial, que, la verdad, expresaban una dificultad psicológica en integrar un fenómeno transicional.

El padre, como portador de la palabra y el espíritu, ciertamente es, como lo denominó Jung, un *logos spermatikós*. La relación con el padre personal se da en un nivel abstracto, al contrario de la concreción de la relación con la madre.

El gran problema cultural actual con el padre, el padre ausente, está relacionado con la afirmación de Nietzsche: *Dios está muerto*, en la medida en que se perdió el contacto con el arquetipo del padre en la cultura.

No existen ya valores culturales confiables, la cultura, en crisis, busca instintivamente nuevos mitos en el inconsciente colectivo para reorganizarse. El padre colectivo se ausenta, así como el padre individual fue destronado. En la ambigüedad del padre, que es tanto devorador, como Cronos, como necesario y estructurador, se busca una salida dentro de los aspectos multiformes del masculino.

El *arquetipo del viejo sabio* parece personificar esta solución. La figura del viejo sabio no es una elaboración filosófica, sino una constante en los mitos, cuentos de hadas y sueños de pacientes en análisis. Es una figura arquetípica determinada, personificando el arquetipo de la reflexión.

He observado en clínica la constante aparición de sueños con el viejo sabio en el inicio del análisis. En un sueño inicial de análisis, por ejemplo, una paciente vio una figura venerable, semejante al mismo tiempo a mí y a su abuelo, en la ventana de un apartamento cercano. Lejos el sol se ponía, dando un tono dorado a la escena.

Sueños como este, en el inicio del proceso terapéutico, refuerzan la cuestión propuesta por Samuels (1990) sobre el peligro de la jerarquización de los arquetipos. Se piensa que el proceso de individuación ocurriría de la superficie para el núcleo de la *psique*, *persona*, ego, sombra, *ánima*, viejo sabio, sí-mismo, siendo el sí-mismo el más importante de los arquetipos.

El viejo sabio apareciendo justo al inicio del *opus* demuestra que no se puede dar mayor importancia a un arquetipo que a otro. La *persona*, por ejemplo, es vital en la estructuración del ego.

La constante aparición del viejo sabio al inicio del trabajo analítico se debe al hecho que, en mi opinión, la persona busca salir de la *compulsión de repetición*, y para eso *reflexiona*. En este instante de la búsqueda de análisis, se da la constelación del arquetipo del viejo sabio.

El sabio aparece en los mitos y leyendas aconsejando al héroe, poco antes de lanzarse en la tarea sobrehumana. Personifica el masculino en su más alto grado de diferenciación, el espíritu que *sopla por doquier* y produce las más sutiles y eficaces transformaciones psíquicas.

83

Walter Boechat

4. Perseo: el arquetipo de la reflexión*

La saga de Perseo pertenece al motivo arquetípico del héroe, tan específico en las diversas mitologías. Junito Brandão[37], Joseph Campbell (1973), Kerényi (1974) y otros, trataron in extenso el tema del héroe. El héroe, aquel que nació para servir, siempre hijo de una divinidad y un mortal, tiene siempre características específicas, desde su venida al mundo.

El origen de Perseo es mágico y rodeado de misterio, como el de todos los héroes. Su historia comienza con la lucha violenta de su abuelo, Acrisio, con su hermano gemelo Preto, por el trono de Argos. Acrisio vence, pero termina cediendo el trono de Tirinto para Preto.

El *motivo de los gemelos* es un tema importante dentro de la perspectiva junguiana, pues constela la

---

* Capítulo anteriormente publicado en el libro, organizado por mí: *Mitos y arquetipos del hombre contemporáneo*. Está publicado aquí con alteraciones.

[37] Brandão, 1987b (Las citas de los pasajes míticos, incluso cuando no son específicamente mencionadas, son extraídas de esta obra).

problemática de los opuestos, esencial dentro del proceso de individuación, ya sea que este motivo se procese dentro de los patrones de la normalidad o de la patología. Los opuestos psicológicos personificados por los gemelos representan la tensión de la energía psíquica necesaria para que el propio proceso vital se lleve a cabo.

Los gemelos encierran siempre oposición: uno mortal, otro inmortal (Cástor y Pólux); un rey victorioso, otro desterrado (Acrisio y Preto). Los polos de opuestos se refieren a la propia organización de la conciencia; el *complejo egoico*, como centro de la conciencia, se estructura en la medida en que su opuesto, *la sombra*, también se organiza como una contraparte inconsciente.

El arquetipo de la sombra nos acompaña durante todo el proceso existencial; la verdad, puede ser considerado como un equivalente de la idea griega antigua del *Synápodos*, "aquel que anda atrás". El proceso de individuación activado por el análisis del inconsciente no consiste en *librarse* de la sombra, sino en una confrontación continua con ella. La confrontación Acrisio – Preto ya prenuncia el inicio de un proceso de individuación, que, en este caso, será coronado por la emergencia de la figura del héroe Perseo en la tercera generación.

Del matrimonio de Acrisio con Eurídice nace Dánae; consultado el oráculo, anuncia que si Dánae gestara un hijo, éste mataría a su abuelo. Acrisio, asustado, encierra a Dánae en una cámara de bronce subterránea para que no tuviera contacto con ningún hombre.

Tales recursos de aislamiento sexual nunca son eficaces y Dánae queda embarazada, según algunas versiones, por su propio tío Preto; según otras, de forma mágica: el propio Zeus se enamoró de la bella princesa y la fecundó en forma de una lluvia de oro. Esta última forma de fecundación parece hacer referencia a la antigua creencia del poder fertilizador de la lluvia o incluso de los rayos solares.

Ambas versiones pueden ser consideradas, pues, como recuerda Junito Brandão (1986: 25), las variaciones son el pulmón del mito. Desde el punto de vista psicológico, la temática edípica está presente en la oscura figura de Preto, presunto seductor de Dánae y representante de la figura del padre.

En cuanto a la figura central del mito, Perseo, la figura paterna permanece sin embargo distante, ya sea el desterrado y sombrío Preto, ya sea el etéreo Zeus, que aparece sólo de forma simbólica como lluvia de oro. Sin embargo, el nacimiento de Perseo obedece a la temática típica de los héroes, con doble nacimiento, un incierto padre terrenal y un padre divino. Ésta ya es una característica heroica.

El doble nacimiento ya prenuncia el proceso de individuación, pues, desde el punto de vista de la psicología analítica, el nacimiento humano se refiere al nacimiento biológico, a la estructuración del ego como centro de la conciencia, mientras que el segundo nacimiento se refiere a la integración en la conciencia de los procesos potencialmente existentes a nivel del arquetipo del sí-mismo; hay en esta concepción junguiana un paralelo con el concepto aristotélico de enteléchia, de la forma como estructura teleológica de la sustancia.

Dánae es expulsada de Argos con su hijo recién nacido al saberse que infrigió el edicto real. Es lanzada al mar en un cofre junto con Perseo. Encontramos aquí el motivo clásico de la exposición del niño en el mundo antiguo. Brandão (1987b: 239ss) discute sobre el significado del abandono de niños en el mundo griego. Frecuentemente eran personas con malformaciones o rechazadas por el grupo social, que se convertían en verdaderos pharmakói, purificadores de las faltas de la comunidad. Cuando se salvaban del abandono en condiciones agrestes, se convertían, sin embargo, en verdaderos intocables, sagrados y portadores de maná. Hay, por lo tanto, una estrecha analogía entre el abandono y la psicología del chivo expiatorio, tan frecuente en la familia y en la sociedad contemporáneas, que Sylvia B. Perera exploró en detalle (PERERA, 1986).

El abandono del niño también fue discutido por Jung[38], que vio en el arquetipo del niño divino un símbolo del arquetipo del sí-mismo o el arquetipo central, que organiza todo el proceso de desarrollo de la personalidad.

El simbolismo del niño, visto desde el punto de vista de la psicomitología o de las imágenes arquetípicas, no puede reducirse a un mero infantilismo, o a una regresión patológica. Todas las religiones, y no sólo el politeísmo griego, hablan de un dios-niño, muchas veces abandonado (basta recordar la fuga del niño

---

[38] Cf.Jung (1941/2000: 151ss, especialmente §285ss: "El abandono del niño").

Dios para Egipto). Esta parece ser una idea arquetípica perteneciente al inconsciente colectivo.

Tomando como punto de partida una perspectiva arquetípica, el terapeuta junguiano es, por lo tanto, extremadamente cuidadoso en la interpretación de imágenes del niño surgidas en sueños o fantasías, considerando no sólo el aspecto infantil que pueden representar, sino también recordando que pueden estar representando procesos creativos y transformadores del arquetipo del sí-mismo. El arquetipo del niño representa la creatividad, un nuevo comienzo, la futuridad per se.

El niño Perseo comienza, con su exposición, su trayecto mítico. Es un abandono que ocurre en un lugar muy particular, el agua, elemento de polaridad de vida y de muerte, un verdadero amníon (envoltura) que guarda y protege a muchos de los abandonados (BRANDÃO, 1986: 79).

El agua recuerda el principio materno; ella remite al propio amníon. Además, es importante recordar que la madre de Perseo, Dánae, lo acompaña personalmente en su abandono y también lo acompañará hasta el final de su ciclo mítico. Este es un hecho bastante importante, al cual volveremos al final de nuestra exposición.

El héroe-niño y su madre escapan de las aguas llegando a la isla de Sérifo, lugar gobernado por un rey llamado Polidectes, nombre que, según Caroly Kérenyi, quiere decir el recibidor de muchos. Este nombre tendría el mismo significado que Polydegmon, uno de los diversos epítetos de Hades o Plutón, en su

condición de recibidor de las almas de los muertos
(KERENYI, 1974: 48).

De acuerdo con esta interpretación, Perseo ya habría
iniciado su katábasis, o descenso al reino de los
muertos, trayecto de todos los héroes, un descenso
iniciático para una posterior restauración, con la
renovación de la conciencia.

Por cierto, ¿no es esta la condición necesaria para
cualquier proceso terapéutico? La neurosis que lleva a
muchos a buscar análisis, puede ser una necesidad
íntima de transformación y renovación psíquica. Por
eso Jung se refirió varias veces al hecho que gran
parte de sus pacientes presentaban una problemática
de trasfondo religioso. El propio proceso transferencial
sería, en un lenguaje mítico, una katábasis, una
rebajamiento del nivel mental (P. Janet) necesario
para que la transformación psicológica ocurra.

Perseo y Dánae son recogidos por un personaje
humilde, aunque era el hermano del rey, de nombre
Dictis (que quiere decir red), que los protege en su
casa, permitiéndole a Perseo crecer y convertirse en
un hombre joven, fuerte y esbelto. En esta condición,
Perseo protegerá a su madre del constante acoso
sexual del rey Polidectes.39

---

39 Ocurre aquí un fenómeno curioso: la repetición del tema de los
hermanos enemigos, Dictis y Polidectes, que ya encontramos al
comienzo de la trama, con los reyes Acrisio y Preto. Nuevamente Perseo
se mueve entre el choque de opuestos irreconciliables. La duplicidad es
el fenómeno de los procesos inconscientes en la personalidad *borderline*
e incluso psicótica (ambivalencia). La permanencia de los opuestos
próximos refuerza el parentesco de Perseo con el mundo de las sombras.

Con ocasión de un banquete, Polidectes invita a varios súbditos y todos le ofrecen un caballo, con excepción de Perseo, que poseído por un súbito orgullo promete traer al rey, si este así lo deseara, la cabeza de Medusa. Polidectes inmediatamente acepta la oferta, viendo en la imposible tarea una oportunidad de deshacerse de Perseo, obstáculo entre él y Dánae.

Todo héroe cuenta con auxilio sobrenatural en la ejecución de sus tareas. Después del nacimiento milagroso, hay una separación de la madre y del grupo de origen, seguida de una iniciación por espíritus tutelares. Sólo después de ésta, el héroe está apto para realizar sus hazañas mágicas. Es entonces víctima frecuente del descomedimiento, de la hýbris o pecado del orgullo, siendo castigado por la justicia divina.[40]

En la ejecución de sus actos mágicos el héroe realiza un proceso de retorno al punto del que partió, realizando un verdadero uróboro.

Figura 1: Ciclo Perseo

Iniciación por espíritu tutelar

Separación

Nacimiento mágico

Apoteosis o retorno

---

[40] El héroe cumple el ciclo mítico sólo esquematizado en la figura 1. Joseph Campbell (1973) denominó este ciclo como monomito (cf. Cap. 3).

Hýbris y muerte ritual

El uróboro, que significa el comedor de cola, término alquímico antiguo que representa el eterno recomenzar, fuera de la linealidad del tiempo de la conciencia, indica los movimientos del héroe como simbólicos. En la interpretación de la psicología analítica, los hechos heroicos representan el movimiento de la energía psíquica en el eje ego – sí-mismo, con el fin de estructurar la conciencia. Cada acto heroico está asociado a los fenómenos de transición (Winnicott), donde cada vez más el ego se organiza como entidad separada del inconsciente.

Perseo, separándose de su madre, contará con la ayuda de los espíritus tutelares, Hermes y Atenea. Hermes es el gran mediador entre los tres niveles, el Olimpo, la tierra y el Hades; dios de la comunicación y de las hermenéuticas ocultas, es también el dios que, aun siendo niño, roba el ganado de Apolo, presentando características de transición entre la oscuridad y la claridad apolínea. Es el dios psicopompo, guía de los muertos para el Hades, características oscuras que confieren a su protegido Perseo una intimidad con el mundo de las tinieblas o del inconsciente. En este particular, Perseo contrasta bastante con otros héroes solares, Heracles, por ejemplo.

Atenea, diosa de la inteligencia, nacida armada de la cabeza de Zeus, es, típicamente, una mujer como si fuera un hombre (Homero). Diosa dirigida hacia la luz, es la clásica protectora de los héroes, como Aquiles, Diomedes y Orestes, el que vengó a la sangre paterna. Por lo tanto, la actuación de Perseo se sitúa entre el inconsciente (Hermes) y la conciencia (Atenea).

Los dioses protectores le dan al héroe objetos para la ejecución de su tarea. Atenea le ofrece un escudo semejante a un espejo, y le aconseja que no mire a la Gorgona de frente, pues sería petrificado inmediatamente; la mirada debe ser indirecta, visualizando su imagen en el escudo. Hermes le da una espada, tan afilada como la hoz que Cronos había usado en tiempos antiguos para castrar a Urano.

La primera prueba es el pasaje por las entidades llamadas Greias, las que nacieron viejas, en los confines del océano, donde nunca llegaba la luz solar. Eran tres y poseían solamente un ojo, y por eso hacían guardia al camino en turnos, mientras dos dormían una vigilaba con el único ojo. Solamente las Greias sabían el camino hasta las Gorgonas, y también cómo llegar a ciertas ninfas que facilitarían medios para derrotar a Medusa.

> *Perseo se apropia del ojo de la Greia que vigila el pasaje y promete devolverlo si le informan el camino hasta las ninfas y las Gorgonas. Fácilmente obtiene estas informaciones, y de las ninfas obtiene el casco de la invisibilidad de Hades, sandalias con alas que permitían que volara, y una especie de alforja denominada quíbisis, para transportar la cabeza decapitada de Medusa (BRANDÃO, 1986: 81).*

Las sandalias aladas convierten a Perseo en similar a las propias hechiceras, en su capacidad de recorrer todas las direcciones del espacio: el aire, la tierra y el agua, recorriendo los elementos. Representan una defensa homeopática contra el enemigo.

Armado así con todo su arsenal mágico, Perseo llega hasta la morada de las Gorgonas, Esteno, Euríale y Medusa; de ellas, sólo la última es mortal. Perseo flota volando sobre Medusa y contempla su imagen en el escudo pulido que Atenea le había dado.

El héroe evita así la mirada directa sobre Medusa, que lo transformaría en piedra. Este es el motivo central de todo el mito. Logra de esa manera decapitarla, y del cuello del monstruo salen el gigante Crisaor y el caballo alado Pegaso, ambos frutos del encuentro amoroso de la Gorgona con Poseidón, el único que se acercó a ella (BRANDÃO, 1986: 82)41.

El enfrentamiento de Perseo con Medusa es el núcleo de este mito y consideramos importante detenernos en detalle en su sentido arquetípico.

En primer lugar, ¿cuál es el sentido del símbolo de Medusa? J.-P. Vernant recuerda que las diferentes formas de representar lo divino incluyen el uso de máscaras. Según Vernant, Medusa, Artemisa y Dionisio son los poderes ritualísticamente representados como enmascarados (VERNANT, 1988, 11-12).

La máscara, con su característica plana y perforada, separa uno del otro, la identidad de la alteridad. La alteridad, elaborada por Platón con su concepto de tó

---

41 *Poseidón*, el dios caballo, tiene una especial conexión con las *aguas de abajo*, los ríos infernales, por lo cual es capaz de aproximarse a la Gorgona.

héteron, representa el otro, imaginario o real, necesario para la existencia misma del pensamiento. Esta elaboración del genio de Platón permite la síntesis creativa de la ontología de Parménides (identidad) con el Devenir de Heráclito (alteridad). La verdad, la preocupación con la dialéctica identidad-alteridad comienza incluso antes, con los pitagóricos y su categorización entre números impares (identidad) y pares (alteridad).

Se podría decir que en la cultura griega la problemática de la alteridad es similar a dos ejes perpendiculares entre sí, formando un punto central. Artemisa es la responsable por la alteridad en el plano horizontal, ya que delimita el yo-otro en lo referente a la protección a los adolescentes y a la diferenciación sexual y sus hábitos durante la pubertad; a la caza, pues corre por los bosques delimitando lo urbano de lo salvaje, en la guerra, delimitando los códices, para que ésta no degenere en pura carnicería.

En el eje vertical, tenemos en Dionisio una ascensión para lo alto por el éxtasis y el entusiasmo de la experiencia religiosa y orgiástica; en Medusa, finalmente, un descenso para lo más bajo, una alteridad radical, el otro absoluto, la muerte, la petrificación en el lugar donde el sol nunca llega (VERNANT, 1988: 36-37).

La extrema alteridad representada por Medusa, no representa el otro hombre, sino lo otro del hombre (J.-P.Vernant), es decir, la muerte real o, en nuestra opinión, la muerte en vida, o estado psicótico.

Este importante eje de horizontalidades y verticalidades es esencial para la existencia de la cultura griega, y tal vez de cualquier otra cultura, tratándose de un fenómeno arquetípico de los límites entre el yo y el otro - recordar la extrema xenofobia de los pueblos aborígenes, un movimiento antiexogámico compensatorio al tabú del incesto que es antiendogámico.

Por cierto, la tragedia Ifigenia en Táuride de Eurípides, revela a Ifigenia como sacerdotisa de Artemisa, sacrificando extranjeros en Táuride en honor a la diosa.

Imaginamos en la intersección de estos dos importantes ejes un punto central. ¿Quién lo ocupa? Dionisio, el espacio de su teatro, su máscara o Prósopon, donde lo marginal se manifiesta. Pero este es un tema específico para Dionisio.

Medusa es representada con cara monstruosa, siempre de frente, cabellos en forma de serpiente, orejas de buey y la lengua afuera. J.-P. Vernant recuerda que la Gorgona pare como las comadrejas, por la boca. Es el estado caótico del inconsciente, con inversiones y deformidades que desafían cualquier lógica racional.

El tema de la petrificación por la mirada es significativo desde el punto de vista psicológico. Nos referimos anteriormente a los estados psicóticos. La petrificación nos trae a la mente estados de extrema regresión, pacientes paralizados en estupor catatónico, formas esquizofrénicas de las más graves.

Discrepamos con Freud, que en su ensayo de 1922, La cabeza de Medusa, compara la petrificación con la rigidez de la erección. La visión de la Gorgona sería para el padre del psicoanálisis la visión de los genitales de la madre (FREUD, 1940/1973:273). Tal interpretación nos parece bastante reduccionista y simplificadora.

Slater, siguiendo un referencial psicoanalítico, pero abordando el mito de forma más sofisticada en su excelente The Glory of Hera, disiente de Freud, recordando que la inmovilidad y petrificación no pueden ser asociados a la erección y potencia, sino, por el contrario, a la impotencia (SLATER, 1971:321-322). El autor traza una curiosa comparación mítica entre la espada con la cual Perseo decapita la imagen arquetípica de la madre terrible y el instrumento bastante semejante con el cual Cronos castró a Urano. En ambos casos tenemos una vivencia de escena primaria, como la denominó Freud; en el caso de Cronos, elaborada por la castración del padre; en el caso de Perseo, por la castración de la madre, o mejor, por su desexualización. Podemos asociar aquí a la figura de la madre arquetípica Medusa la propia madre personal (usando un término de la psicología analítica) de Perseo, Dánae, por el hecho fundamental que ésta no se aleja del héroe en su abandono en el océano y es por él protegida contra el asedio sexual de Polidectes. Veremos, adelante, que incluso al final de sus hazañas heroicas, incluso después de la liberación de la princesa Andrómeda, Perseo trae a Dánae en su compañía de vuelta a Argos. Dánae, durante todo el mito, es resguardada en su pureza, o mejor, desexualizada. Uno de los aspectos de Perseo es tal vez la representación de la necesidad del niño de separar lo sexual de lo maternal para elaborar el impulso edípico. La verdad, el asedio de Polidectes (hermano de Dictis) es una repetición del asedio de Preto (hermano de Acrisio). La cámara de bronce, el cofre en el mar, o la oposición de Perseo son formas de mantener la desexualización.

Vimos anteriormente que Perseo, como protegido de Hermes, tenía un acceso particular al mundo de las tinieblas; su confrontación con Medusa tiene algo de homeopático, en el sentido de que lo semejante cura lo semejante. Es decir, sólo un héroe con las sandalias aladas que lo facultaran para moverse en los tres niveles del agua, del aire y de la tierra (así como la archihechicera Hécate) o con el casco de la invisibilidad, propio del señor de los muertos, Hades, podría derrotar a Medusa. Baldi llega incluso a sugerir una identidad entre Perseo y Hades, partiendo de la etimología del término latino persona (máscara, papel), que sería derivado del etrusco Phersu, idéntico a Perseu, que significaría el enmascarado (apud VERNANT, 1988: 62ss).

Ya J. Brandão sigue a Carnoy en la investigación etimológica del nombre Perseo, cuyo origen no es conclusivo, pero tendría el significado de sol naciente (1986:73). En ambos casos, sol naciente o enmascarado, la proximidad con la oscuridad es nítida en Perseo, o sea, su íntima relación con el inconsciente.

Habiendo colocado la cabeza de Medusa en su kíbisis, el héroe partió para Sérifo. Pasando por

Etiopía, encontró al país asolado por un flagelo. La reina local, Casiopea, esposa de Cefeo, se juzgó más bella que la propia diosa Hera. Como castigo, Poseidón envió un terrible monstruo que asoló el país. Consultado el oráculo, la respuesta fue que solamente la hija del rey, Andrómeda, fuera abandonada en un peñasco, como sacrificio expiatorio al furor del monstruo. En ese instante, llegó Perseo, que se enamoró de la bella víctima. Hizo un pacto con Cefeo, para que cediera a su hija en matrimonio tan pronto la liberara. Aunque el héroe venció al monstruo y liberó a Andrómeda, tal promesa no es cumplida por estar Andrómeda ya prometida en matrimonio a su tío Fineo. Al descubrir Perseo la traición, y siendo también amenazado de muerte, mostró la cabeza de la Gorgona a Fineo y sus cómplices, petrificándolos.

El mismo recurso de petrificar enemigos será utilizado por Perseo al retornar a la isla de Sérifo y encontrar a su madre Dánae en constante amenaza por Polidectes. Este constante petrificar en vez de ser petrificado muestra que la libido destructiva de la madre-terrible ya fue incorporada al ego. Imagen evidente de esto es el hecho que la cabeza de la Gorgona adorna el escudo de Atenea, siendo por la diosa de la inteligencia usado en combates con gigantes y fuerzas oscuras.

La liberación de Andrómeda constituye un episodio típico del mitologema del héroe; después de las hazañas mágicas, libertará a la princesa de un monstruo amenazador. Desde el punto de vista arquetípico, el ánima es diferenciada del arquetipo de la Gran Madre. La vivencia arquetípica del coniunctio, fundamental en el proceso de individuación, se lleva a cabo. Sin embargo, el mito, como lenguaje simbólico del inconsciente, permite diferentes abordajes. Tavares (1990) enfatiza las figuras femeninas y masculinas que pueblan la narrativa mítica. Enfatiza el hecho, también recordado por Slater, que Dánae es presencia constante, del inicio al fin del mito, y el padre apenas intenta intermediar en la relación con la madre, sin mucho éxito. Las figuras paternas, Acrisio, Dictus, Zeus, Polidectes, o son distantes o son eclipsadas. "Por lo tanto, en Perseo, el rechazo (Verleugnung) también sucede en relación con la imago paterna. Es decir, existe un padre que no existe. Existe un padre que está eclipsado, bloqueado"(TAVARES, 1990 – itálicos del autor).

Según el autor, este rechazo en relación a la ley paterna es fundamental para la estructura perversa, lo que lo lleva a considerar el Mito de Perseo una variante del complejo de Edipo, pues en el caso ocurre una escisión del ego y también del súper ego.

De acuerdo con esta interpretación, la permanencia de la madre personal del héroe incluso al final del mito, junto con la esposa Andrómeda, y el bloqueo del padre apuntarían para una estructura perversa de la personalidad. Sin embargo, consideramos importante recordar que la madre de Perseo tanto es Dánae como la propia Medusa, del punto de vista simbólico. Si la madre personal del héroe lo acompaña en su abandono y posteriormente en su retorno, este hecho no contradice la elaboración del arquetipo de la Gran Madre destructiva representado por la Gorgona.

Concordamos con la interesante interpretación de Slater, que ve la decapitación de Medusa como una elaboración de la escena primaria por la castración de la madre, al contrario del episodio de la castración de Urano por Cronos, cuando la escena primaria tiene su resolución por la castración del padre.

Encontramos válido este abordaje, recordando siempre que tanto la escena primaria como la castración fueron considerados por Freud como proto-fantasías, y el concepto de proto-fantasía o herencia arcaica que Freud mencionó, pero no profundizó o investigó, son equivalentes al concepto de Jung de idea arquetípica , al cual dedicó la mayor parte de su trabajo teórico.

De una forma u otra, Perseo debe ser considerado, desde el punto de vista psicológico, como el arquetipo del héroe, aunque su proximidad con las tinieblas nos pueda remitir a una estructura perversa, en la cual el bloqueo paterno, luminoso, de los valores de la conciencia sean poco activos.

La lluvia dorada fecundante de Zeus es un símbolo muy apropiado para el padre actuando a nivel arquetípico, de forma numinosa, sin pasar por el proceso que Neumann (1973a) llamó personalización secundaria, fundamental para la estructuración del ego saludable.

La personalización secundaria se refiere al proceso por el cual las estructuras arquetípicas son gradualmente destituidas de la libido numinosa del inconsciente colectivo, incorporándose en figuras concretas a medida que el ego se estructura, organizándose como el centro de los procesos mentales conscientes. Así, el arquetipo de padre tiende a personificarse en el padre personal, por los mecanismos de proyección e introyección. Es frecuente en la clínica, con pacientes psicóticos o fronterizos, que encontremos situaciones graves en las cuales, al no procesarse la personalización secundaria de los arquetipos parentales, éstos aparecerán como dioses, o imágenes arquetípicas, siendo de difícil elaboración por el ego, o por el analista, dentro de una transferencia psicótica.

El motivo de la decapitación de la Gorgona lleva a la liberación de Pegaso, caballo alado y blanco, símbolo ascensional de adquisición de la conciencia. Más tarde el propio Pegaso será utilizado por otro héroe, Belerofonte, para destruir el monstruo Quimera. La propia liberación de Andrómeda habla de un proceso de integración del ánima, dentro de una óptica junguiana.

La integración del ánima, o mysterium coniunctionis, es el dinamismo central en el proceso de individuación. Si, como refiere Jung, las primeras proyecciones del ánima se dan sobre la madre, cuando el ánima aparece como princesa se procesa una elaboración del incesto patológico. Caminamos aquí de Medusa-Dánae para Andrómeda.

No estamos refiriéndonos naturalmente a la mujer concreta que será unida al hombre, sino a la conjugación simbólica de los pares de opuestos, ego y sí mismo, persona y sombra, consciente e inconsciente. Esta misma idea arquetípica aparece en todas las religiones, la unión de Cristo con su Iglesia, por ejemplo.

El tema de la reflexión permea todo el mito. Este problema fue bastante valorizado por Jung, que fue bastante osado en el énfasis en la reflexión y su importancia para la diferenciación psicológica de los individuos. Llegó incluso a considerar la reflexión como uno de los instintos básicos del ser humano. Serían cinco categorías de instinto: hambre, sexualidad, impulso a la acción, reflexión y, por último, un instinto para la creatividad. (JUNG, 1937/ s.d., § 236-246).

Estos grupos de actividad instintiva se explican por el hecho de que Jung considera el instinto dentro de los patrones de comportamiento, así como Lorenz los clasifica en la etología. Las cinco agrupaciones de instintos consideradas por Jung son análogas a los patrones de comportamiento animal de Lorenz, respectivamente: hambre, reproducción, agresión y fuga. Se puede considerar el impulso a la acción o a la actividad como correspondiente al patrón de agresión, la reflexión como un paralelo arquetípico al instinto de fuga.

Jung teje estas correspondencias recordándonos que la reflexión es, siguiendo la etimología, un reflexio, un inclinarse para atrás. El reflexio y la creatividad son pues dos actividades instintivas básicas del ser.

La mirada indirecta, la reflexión en el espejo, el ver y ser visto son temas que acompañan a Perseo en todo su recorrido. Ovidio relata una variación del enfrentamiento del monstruo que amenaza a

Andrómeda: éste es engañado porque ataca un reflejo o una sombra de Perseo en las aguas, y es por el héroe destruido (OVIDIO, apud VERNANT, 1988: 118).

Perseo sólo puede destruir la Gorgona utilizando el escudo pulido de Atenea. Solamente por la capacidad de reflexión, el inclinarse para atrás, podremos salir de nuestras fijaciones de la libido que nos petrifican.

Hay una analogía directa entre petrificación y psicosis. Incluso en la historia del psicoanálisis, los resultados más estimulantes fueron obtenidos en el tratamiento de la histeria, cuando hay menos petrificación psíquica. ¿Qué quiere decir histeria? Como sabemos, es la noción griega antigua del útero migrante, que provoca síntomas por todo el cuerpo. Por lo tanto, la histeria trae también la idea de movimiento, movimiento de la libido, y por lo tanto transformación psicológica.

Los núcleos histéricos son aquellos que también traen en sí posibilidades de transformación, porque encierran movimiento. Medusa no puede ser contemplada, pues petrifica, impide la transformación psicológica.

Cierta vez analicé un paciente que iniciaba una crisis psicótica paranoide. Fantaseaba con persecuciones y temía ser homosexual. Dibujó en el consultorio un sueño que tuvo: entró en la amplia pradera, y percibió a lo lejos una estatua de piedra, de gran estatura. Al aproximarse, percibió se que la estatua se parecía a él mismo. Una serpiente descendía por la superficie pétrea.

El dibujo reflejaba toda la situación conflictiva de mi paciente. Si por un lado se procesaba un movimiento psicótico de petrificación, al mismo tiempo la serpiente traía el movimiento, una perspectiva de transformación.

Al paciente no se le ocurrían asociaciones con el sueño o con el dibujo. Usando el método de amplificación de Jung de la forma menos intelectual posible, sólo comenté: "por eso la serpiente es el símbolo de la medicina; produce veneno, pero de él también se hace el suero antiofídico. Lo semejante cura lo semejante.

Walter Boechat

5. Desarrollos y regresiones

Atalanta, la huidiza[*]

Michael Maier, alquimista, escribió *Atalanta Fugiens* en 1617. Médico personal del emperador Rodolfo II, con doctorado en medicina y filosofía, era un hombre típico del Renacimiento, con múltiples intereses en diversos dominios del saber.

La alquimia no era en modo alguno su único interés; su primera obra publicada, *Arcana Arcanissima* (1614), mostraba una profunda erudición en mitología clásica griega y mitología egipcia. Intentó siempre mostrar los ejes simbólicos que unen las imágenes mitológicas y las alquímicas. En *Atalanta*, Maier va más allá, introduciendo la forma musical de fugas a tres voces, cincuenta grabados emblemáticos correspondientes a las fugas, en torno del mito griego de Atalanta.

¿Cuál es el objetivo principal de esta creativa unión de música, grabados emblemáticos simbólicos, narrativa mitológica y alquimia? Nada menos que aquello que

---

[*] Este es un texto modificado del cap. "Atalanta, la huidiza", del libro *Mitos y arquetipos del hombre contemporáneo*.

buscan todas las formas de meditación y oración místicas: estados alterados de conciencia, una profunda introspección que pueda llevar al autoconocimiento.

Sabemos que Maier coordinaba encuentros en la corte de Rodolfo II, cuando se oían las bellas fugas a tres voces compuestas específicamente para cada uno de los cincuenta grabados con alegorías alquímicas. Se meditaba también sobre el núcleo central del mito alquímico, *Atalanta huidiza*[42].

Debemos sintetizar el mito, para que se comprenda todo el *circumambulatio* (el andar alrededor) simbólico que Maier intentó realizar para describir las etapas de lo que Jung llamó *proceso de individuación*.

La versión más conocida del mito relata que Atalanta o Atalante era hija del rey Esqueneu, que sólo deseaba un hijo varón (BRANDÃO, 1991(Atalanta)). *Tan pronto nació la niña, ésta sufrió el destino común de los diversos héroes clásicos destinados a grandes hechos: la llamada exposición.* Tal como sucedió con Edipo, abandonado en el monte Citerón, tal como Perseo fue lanzado al mar con su madre Dánae, así como Psique fue abandonada en el peñasco, Atalanta fue abandonada en el Monte Partenio, en Arcadia (BRANDÃO,1991). Pero como niña heroica[43], en su abandono, no murió, por el contrario, amamantada por una osa, se convirtió posteriormente en una mujer alta, bella y fuerte; fue entonces consagrada a

---

[42] Ver las referencias a la obra de Maier,1989.

[43] Sobre el niño heroico, cf. Jung, 1951.

Artemisa, la señora de los bosques de la caza, cuyo animal representativo es la osa.

Participó de la famosa gesta, la caza del jabalí de Calidón, un evento único para una mujer. El jabalí Calidón fue enviado por Artemisa como castigo al rey Eneo, para devastar su reino. Varios héroes se unieron bajo el comando de Meleagro, hijo de Eneo, para combatir al animal mágico; entre ellos, se destacó la bella Atalanta. Meleagro y Atalanta mataron juntos al jabalí y se convirtieron en amantes.

Posteriormente Meleagro murió y Atalanta se negó siempre a casarse, o por su fidelidad a Artemisa, o, según algunos, porque un oráculo había predicho que sería transformada en animal si lo hacía. Volviendo a la corte de Esqueneu, Atalanta, heredera del trono, fue siempre muy cortejada por su belleza. Para evitar a sus pretendientes, utilizaba una estrategia bastante original: los retaba a una *carrera*, su especialidad en los juegos; en caso de ser vencida, se casaría con su rival, perdiendo éste, perdería también la vida, pues Atalanta inmediatamente lo mataría con su lanza. Muchos así murieron a manos de la bella y veloz Atalanta, la hija espiritual de Artemisa.

Finalmente surgió Hipómenes, que amaba a Atalanta y decidió arriesgar su vida. Oró a Afrodita la noche anterior a la carrera, y la diosa del amor le dio tres fascinantes manzanas doradas del amor, provenientes del jardín de las Hespérides, para ser usadas durante la prueba[44].

---

[44] Ver referencias al papel de Atalanta en el desarrollo de la mujer en Bolen, 1989.

Manzana No.1: *Percepción del tiempo que pasa*. Iniciada la carrera, Atalanta está muy por delante de Hipómenes, cuando éste lanza la primera manzana al suelo. Atalanta no resiste y, curiosa, para y la recoge. Ve su rostro reflejado en la manzana dorada y piensa: "así seré cuando envejezca..."

Manzana No. 2: *Percepción de la importancia del amor*. Atalanta está una vez más enfocada en la competencia, como es el hábito de la *mujer - Artemisa* durante su vida. Pero la segunda manzana de Afrodita es irresistible y Atalanta se inclina para recogerla. Recuerdos de su amante muerto Meleagro vienen a su conciencia con toda su intensidad. Siente la profunda importancia de la relación afectiva y sexual con un compañero.

Manzana No.3: *Instinto procreador y creatividad*. La meta está a la vista e Hipómenes logró correr a la par de Atalanta. Lanza entonces la última manzana. Atalanta vacila por un instante, entre ganar una competencia más o recoger el tercer pomo dorado. Ella se lanza a la manzana; Hipómenes es el vencedor.

Después del contacto con las manzanas doradas de Afrodita, la realización pura y simple de las metas de la conciencia es relativizada. Los procesos creativos de autorrealización adquieren una importancia apremiante, es el llamado del sí-mismo o arquetipo central para la realización del ser. Hay una tarea más profunda que debe ser cumplida, el oro de Afrodita debe ser encontrado.

De esta forma, Hipómenes y Atalanta se casan, conforme reza el mito. Más tarde, durante una cacería, la pareja, profundamente enamorada, se unió en el interior del templo de Cibeles. Para castigar tal afrenta, Zeus transformó a la pareja en leones dorados.

Todo mito, como narrativa simbólica, puede ser abordado desde varias perspectivas. Siguiendo a Bolen (1989) podemos entender a Atalanta como un tipo de perspectiva de la conciencia femenina, dominada por el arquetipo de Artemisa. El nacimiento de Atalanta, su especial relación con Artemisa desde entonces, refuerzan esta interpretación. Atalanta fue rechazada por sus padres, que esperaban un hijo varón, y sufre el *ritual de exposición*.

Sabemos de la importancia que tiene para los padres fantasear sobre la *psique* de los hijos, incluso cuando se encuentran aún en estado intrauterino. Esas fantasías son como hilos que tejen el destino del que ha de nascer como la propia Moira. Atalanta, en su soledad en los bosques, entra en contacto con su madre arquetípica, Artemisa, ya que los padres personales la rechazan tanto. Estas situaciones conflictivas entre mito individual y figuras parentales son típicas en la activación del proceso de individuación.

Los padres de Atalanta esperaban *un hijo varón*; Atalanta de alguna manera realiza en su destino de cazadora aspectos masculinos dentro de ella misma. El rechazo inicial de los padres y la exposición y abandono en el Monte Partenio simbolizan el despliegue del proceso de individuación. Haber sido alimentada por la leche de la osa, animal totémico de

Artemisa, simboliza el estado de abandono natural, aparente debilidad y, la verdad, el gran poder del niño divino. Abandonando los referenciales usuales del ambiente de la familia, la heroína en potencia encontrará en su propio inconsciente los factores de auto-realización.

Este aislamiento existencial se encuentra frecuentemente en la clínica y no debe ser rápidamente rotulado, de forma reductiva, como simple neurosis, pues corremos el riesgo de perder las dimensiones creativas de un rito de transición iniciático. El mito siendo simbólico expresa realidades del alma en varios niveles de significado. El símbolo arquetípico de Atalanta representa, en algunos aspectos, el proceso de individuación de la mujer con una perspectiva de conciencia de tipo Artemisa, la mujer independiente que se realiza por el movimiento y la asertividad.

De una manera completamente diferente del patrón de dependencia de la figura masculina, Atalanta realiza su encuentro amoroso con Meleagro al estilo de una cooperación, un cazar juntos, como si fueran socios en un emprendimiento.

Esta forma de relación refleja con bastante fidelidad la relación hombre - mujer en la sociedad compleja de las grandes ciudades de la actualidad. El feminismo preparó el advenimiento de esta nueva mujer, que sin embargo corre el peligro de identificarse con el falo que tan creativamente puede integrar. Este problema y su posible solución están representados en el Mito de Atalanta, como veremos a continuación.

La relación tradicional hombre-mujer está representada en el *hieròs gámos* (matrimonio sagrado) de Zeus y Hera. Este tipo de relación tiende en nuestro medio a evolucionar hacia el par Atalanta y Meleagro. Atalanta simboliza a la mujer que integró de forma creativa su *ánimus*, o que por lo menos interactúa creativamente con él, sin proyectarlo simplemente en su compañero, como lo hace Hera. La caza mítica del jabalí Calidón, realizada de manera totalmente conjunta, expresa esa integración.

El motivo mítico de la caza es simbólico en sí, expresando la búsqueda incesante de contenidos desconocidos (los animales) que escapan a la percepción de la conciencia, ocultándose en los bosques (el inconsciente). La obtención del animal representa la integración de contenidos psíquicos al ego; en este caso, el animal abatido posee bastante maná[45], el jabalí como *hipóstase* –manifestación equivalente- de la diosa Artemisa, simboliza un contenido numinoso del inconsciente colectivo que debe ser integrado. La destrucción y amenaza que el jabalí sagrado personifica, en caso de no ser cazado, representa los contenidos autónomos de la *psique*, imágenes arquetípicas que ignoradas o negadas tienen un enorme poder destructivo, ya sea para el individuo, ya sea para la cultura.

Un ejemplo de un símbolo numinoso que, olvidado, ha sido destructivo para la sociedad brasileña, es el del *niño divino*, que, como aparece en Atalanta, aunque haya sido expuesto y abandonado, tiene un enorme

---

[45] Palabra de origen polinesio que quiere decir "fuerza misteriosa, poder".

poder transformador. A nivel social, los *niños de la calle* del Brasil, sometidos al abandono, tal como lo fue Atalanta, representan un enorme desafío social, que es destructivo porque ha sido negado y reprimido.

El proceso de individuación, como lo describió Jung, la búsqueda de la integración de los opuestos y la realización de la totalidad es expresada de forma original por el simbolismo de la *carrera*. En esta imagen están las características de la individuación: el punto de partida, la búsqueda de aproximación de los opuestos, hombre y mujer, un tercer elemento misterioso representado por las manzanas de Afrodita[46] , y la llegada final.

En la partida, percibimos al ego, en la actitud correcta, con amor sincero por el *opus alchymicum*, necesario para la realización de la obra, como siempre proclamaron los alquimistas (el amor de Hipómenes por Atalanta, y su oración a la diosa del amor).

La *competencia* entre Hipómenes y su amada expresa la continua atracción entre los opuestos psíquicos, entre lo consciente y lo inconsciente, el ego y el sí-mismo, y la necesidad de integración.

Las *manzanas* representan lo que Jung denominó la *función trascendente* del sí-mismo, un movimiento psicológico de unir opuestos por manifestaciones simbólicas, buscando la integración de las partes en el todo (cf. JUNG, 1916/s.d.). Al final de la carrera, se da la unión del par amoroso, representando la *coniunctio*,

---

[46] Para mayores detalles sobre el simbolismo y ritual de exposición ver cap. 6: "Edipo; el de dos caras"

considerada por muchos la operación máxima de la alquimia.

Usamos con frecuencia el referencial alquímico para la interpretación de estos símbolos mitológicos, pues así lo hizo Michael Maier, el autor de *Atalanta fugiens*, y así lo hicieron muchos otros alquimistas, es decir, buscaron en la mitología las imágenes apropiadas para expresar las misteriosas transmutaciones de los metales.

Maier vio en el mito de Atalanta las tres sustancias básicas del proceso alquímico, por las cuales la piedra filosofal puede ser obtenida: el *azufre* es representado por Hipómenes, el *mercurio* (¡siempre huidizo!) por Atalanta y la *sal* por las manzanas doradas de Afrodita.

Estas tres sustancias, que forman la llamada trinidad alquímica, representan elementos psicológicos fundamentales en psicoterapia; los elementos alquímicos son en realidad sustancias psíquicas. Ver las características de la personalidad simbolizadas, es la manera adecuada de percibirlas en su sustancialidad psíquica.

El azufre ígneo y corrosivo es el deseo, también el pragmatismo y lo que el psicoanálisis llamó *inversión libidinal*. La personalidad sulfurosa es aquella ligada al deseo sexual y al de poder, a la gratificación inmediata en todos sus aspectos. En nuestra tradición judeo-cristiana es común decir que *el diablo tiene olor a azufre*. Mitológicamente, el azufre está asociado al ígneo dios herrero, Hefesto.

Mercurio es la sustancia fundamental en la fantasía alquímica. Es el *servus fugitivus*, o el *cervus fugitivus* como quieren algunos, aquel que no puede ser retenido fácilmente, esencial para la realización del *opus*, debido a su carácter transformador. Mitológicamente es asociado al dios Hermes/Mercurio, el psicopompo, el mediador entre consciente e inconsciente, el gran hermeneuta de los símbolos[47].

Las misteriosas manzanas de Afrodita son asociadas por Maier (1989) a la sal alquímica, principio del amor divino, el gran conservador de sustancias, la *sal de la tierra* bíblica que todo conserva. Sin la intervención de Afrodita y sus manzanas doradas, la *coniunctio oppositorum*, finalidad de la obra alquímica, y, por lo tanto, del proceso de individuación, no habría sido posible.

El misterioso destino de los dos amantes no puede ser interpretado de forma lineal, dentro de una lógica del pensamiento consciente. El mito habla de una unión carnal dentro del templo de Cibeles, la gran diosa-madre oriental. Zeus, furioso ante tal afrenta, transformó a Atalanta y a Hipómenes en leones.

Los alquimistas hablan del templo como su vaso de trabajo, donde las sustancias interactúan entre sí. Y el *vas bene closum*, el vaso herméticamente cerrado, es decir, sellado con el sello de Hermes, para que ninguna energía se extravase y el proceso alquímico se realice satisfactoriamente.

La noción de vaso alquímico recuerda el consultorio del analista, también herméticamente cerrado,

---

[47] Ver Mercurio como *servus* o *cervus fugitivus* en Jung, 1945.

obedeciendo la ley del *secreto profesional,* esencial para que exista una alianza terapéutica satisfactoria. Los procesos de transferencia y contratransferencia ocurrirán dentro de este *espacio sagrado* (o el *temenos* de los griegos), las sustancias psíquicas, tal como las sustancias alquímicas, sufrirán transformaciones y la piedra filosofal podrá ser encontrada.

La unión sexual dentro del templo puede apuntar, dentro de una interpretación reduccionista, a un deseo o actuación incestuosa, una fijación edípica, por la cual la sexualidad aun permanece vinculada al *templo* del útero materno. Tal interpretación es comúnmente ofrecida dentro de un abordaje según la simbología de los mitos. El miedo al inconsciente, el temor del *regresus ad uterum* convierten al incesto en una falta grave, violación de tabú severamente castigada.

La variación mítica reza que Atalanta, como cualquier mortal consagrado a Artemisa, no podría traicionar jamás sus votos de ser mujer no casada, siempre independiente de cualquier hombre. Según el oráculo, ella sería metamorfoseada en animal si lo hiciera. En la terrible predicción oracular ya estaría determinado su destino[48].

Pero el símbolo siempre tiene un sentido polisémico, como ya mencionamos, permitiendo diferentes abordajes. En la visión alquímica la operación del *coniunctio* es, al final, la más importante y significativa de todo el *opus* de la alquimia[49]. Psicológicamente

---

[48] Como en los ciclos de Edipo, Perseo y otros héroes, cuyo destino ya estaba previsto en oráculos.

hablando, está relacionada con los fenómenos de *aproximación y conjugación de las polaridades psíquicas, que disociadas promueven unilateralidad y patologías y conjugadas, la creatividad.* Las personas que tienen el ego disociado de la sombra y del *ánima* se tornan neuróticas, aquellos que se conjugan con la sombra (integración de lo reprimido) y logran establecer puentes simbólicos con el *ánima* (descubrimiento del destino personal) se vuelven solidarios y creativos.

Todavía dentro del abordaje alquímico-psicológico, tenemos en cuenta que el león no es sólo un símbolo del instinto, en este caso, el *rey* de los instintos, sino que, en la alquimia, el león rojo representa la *Tintura Real Roja*, un equivalente al *oro filosófico*, al arquetipo del sí-mismo.

---

[49] Ver el capítulo sobre coniunctio en el libro de Edward Edinger *Anatomia da psique*, p. 227.

6. Edipo, el de dos caras[*]

Vamos a abordar el periplo mitológico de Edipo de acuerdo con nuestro referente junguiano del inconsciente colectivo y de los arquetipos, sin olvidar la cultura en la cual está inscrito este mito, la cultura griega clásica, politeísta; una cultura en la cual la noción de individuo se disuelve en la noción de grupo, principalmente en la noción del grupo familiar, el g*enos*[50].

De acuerdo con esta visión del mundo, la culpa por los actos cometidos no es individual, se disuelve en el colectivo del *genos* familiar y de lo social. Necesitamos partir de este punto cuando abordamos la temática de la culpa en Edipo y Yocasta. Sin duda, la noción de culpa individual también existió en la Grecia Antigua; uno de los grandes méritos del orfismo, movimiento religioso de influencia oriental del siglo VI a.C., fue el rescate de la noción de

---

[*] El presente capítulo es una adaptación de la conferencia realizada en la mesa redonda "Las dos caras de la diosa" en el Seminario "Mujer y Hombre: las dos caras de Dios" realizado en la UERJ el 19/10/1995, con el título: "Culpa y reparación: Edipo y Yocasta".
[50] Sobre la ley del *Genos* en la Grecia arcaica ver Brandão, 1987, p. 335.

responsabilidad más individualizada: sus seguidores creían en la metempsicosis, practicaron el vegetarianismo y profesaron la fe en una recompensa *post-mortem*. Pero ésta es una situación muy particular[51].

La postura tradicional de la Grecia homérica es la de la culpa colectiva; las faltas son llamadas *hamartia*[52]. Las faltas cometidas dentro del *Genos* eran denominadas por el término significativo: *Miasma*, que quiere decir: *una mancha que se propaga;* contamina, por lo tanto, todo lo que le rodea. (BRANDÃO, 1987b). Uno de los miembros del *Genos* comete una falta y todos los miembros de este *Genos* son involuntariamente culpados y deberán expiar la falta.

Esta y muchas otras prácticas que en el mundo antiguo se profesaban abiertamente, y que en la sociedad actual aparentemente no lo son, siguen teniendo una existencia en el inconsciente colectivo. Todo psicoterapeuta percibe esto en su práctica diaria; cómo los complejos inconscientes no resueltos o elaborados por los padres tendrán que ser confrontados por los hijos y nietos, de una forma u otra.

Este hecho psicológico fue nombrado en la Grecia antigua como la *maldición del Genos*. La terrible *hamartia* todavía se hace notar concretamente hoy en día, en los sertones*** del Brasil, por ejemplo, cuando

---

[51] Ver al respecto del orfismo el capítulo 12: "Las escatologías griegas antiguas y la psicoterapia moderna". Ver también Brandão, 1991, s.v. *orfismo* e Wili, 1944/1971.

[52] *Hamartia*, del verbo *hamartéin*, i.e.: errar el blanco.

*** Sertón: en portugués *sertão*, alude a regiones agrestes del interior del Brasil (n.d.t.).

familias enteras se destruyen por la sed de poder; en la política brasileña reciente estos hechos fueron bastante explícitos[53].

El problema de la culpa de Edipo se inscribe en la llamada *maldición de los Labdácidas*, familia a la cual perteneció Edipo, hijo de Layo. Junito Brandão sigue a la investigadora francesa Marie Delcourt en un interesante abordaje etimológico del nombre Layo, Labdácia y Lábdaco, siendo este último el padre de Layo. Según la interpretación más usual, *Lábdaco*, padre de *Layo* y antiguo rey de Tebas, habría derivado su nombre de *Lépein*, que quiere decir desollar. Ello se debe a que, al igual que el Rey Penteo, Lábdaco se habría opuesto al culto de Dionisio en Tebas, y habría sido, por cuenta de esto, destrozado por las bacantes. Marie Delcourt, citada por J. Brandão, muestra otra interpretación: estos nombres provienen de la *letra lambda* - Λ – la letra "ele", décima primera letra del alfabeto griego. No serían nombres, sino en vez de esto apodos, designando una deformidad física, significando *cojo*, *cascorvo*, con los pies hacia fuera, semejante a la propia letra lambda (BRANDAO, 1987: 239ss).

La deformidad física apunta directamente para un tema de gran importancia psicológica asociado al

---

[53] El cuento de Guimarães Rosa *La oportunidad de Augusto Matraga* gira en torno de la maldición del *Genos*. El bandolero Juanito Bien Bien perdió a uno de sus compinches, asesinado por un muchacho de una cierta familia. El bandolero quiere matar a todos los hermanos del asesino, y su pandilla debe violar a sus hermanas. El padre de familia pide "en nombre de Nuestra Señora" que el bandolero no cumpla su amenaza. Es la ley del sertón (maldición del *Genos*) contra la ley cristiana. Ver Rosa, 1976.

mitema del niño-héroe y al mito de Edipo: el tema del *abandono del niño*. El niño abandonado, ritual de fondo religioso frecuentemente adoptado en la Grecia Clásica, está íntimamente relacionado con el problema de la culpa colectiva. El niño abandonado y expuesto a los elementos naturales, en una situación cercana a la muerte, mágicamente expiaría la culpa del *genos* por su propia muerte. Estos niños presentaban, con frecuencia, alguna deformidad física; se convertían en chivos expiatorios adecuados para la expiación mágica de la culpa. También míticamente la exposición ocurre con el niño-héroe: así como Edipo es abandonado en el Monte Citerón, Psique es dejada en el peñasco para ser devorada por el monstruo, Perseo es lanzado al mar con su madre Dánae. Estos niños-héroe terminan siendo salvadores de su pueblo por el acto heroico.

La exposición del niño-héroe tiene un doble sentido psicológico: por un lado significa, al nivel del individuo, el punto de partida para su proceso de madurez psicológica e independencia psíquica, su proceso de individuación; el ser abandonado en medio de los elementos de la naturaleza trae la noción de independencia de las figuras parentales de origen. Por otro lado, la psicodinámica del *chivo expiatorio* es bastante compleja, pues se asocia a los mecanismos de elaboración del arquetipo de la sombra individual, que de una forma o de otra está siempre inserida en la sombra familiar o grupal.

El abandono de Edipo en el monte Citerón por un esclavo de Layo, al mando de este, obedece al *ritual de exposición*[54]. Como es sabido, Layo consultó al oráculo de Delfos que predijo que, si tuviera un hijo, éste lo mataría. Layo, atemorizado con el nacimiento de Edipo, se apresura a ordenar a un criado suyo que lo expusiera en el monte.

Freud se concentró originalmente en la temática del parricidio y del incesto, temas importantes en el Mito de Edipo, pero no únicos. El parricidio, asesinato de Layo por parte de Edipo en el encuentro en el *trivium* - pasaje dividido en tres -, número nuclear en la temática edípica, es involuntario, así como el incesto con la madre Yocasta. Por el contrario, el *filicidio*, el abandono de Edipo en el Monte Citerón por Layo, es totalmente *voluntario, planeado*, y precede los posteriores despliegues de la trama.

Layo sigue el patrón del linaje de los dioses masculinos que le precedieron: Urano le impide a sus hijos nacer, Cronos los devora; incluso Zeus al principio no huye de esta compulsión, devorando a Metis, su primera consorte. Hay siempre una amenaza oracular de sucesión por la generación siguiente, intolerable para los arquetipos masculinos. El problema del parricidio sin duda es importante, pero no nos debemos olvidar del filicidio y de su importancia simbólica. Algunos autores se volcaron sobre este tema, como el argentino Raskowski y la norteamericana Alice Miller[55].

---

[54] La temática del chivo expiatorio fue abordada en el capítulo 4 de forma más detallada en sus dos variantes principales: en la cultura judía (el motivo del *boucle emissaire* en las tribus del desierto) y en la cultura griega (el motivo del niño expuesto y la cuestión del *phármakos* cultural).

[55] La cuestión de la importancia del filicidio ya fue abordada en el cap. 3, "Mitos y arquetipos del masculino".

Mencionamos que el niño abandonado está asociado a un dinamismo de expiación de la hamartia del *genos* y que esta problemática continúa actualmente en el inconsciente colectivo cultural y familiar. Los terapeutas de familia sistémicos denominan chivo expiatorio familiar, a aquel encargado por su psicopatología de traer un equilibrio artificial al sistema como un todo, el *paciente identificado*[56]. Visto sistémicamente, Edipo es ese *paciente identificado*, encargado de expiar la culpa ancestral.

La culpa de los labdácidas viene de varias generaciones: vamos a investigar esta hamartia mítica así como en análisis investigamos la mitología familiar y sus cuestiones no resueltas. La problemática de los labdácidas parece tener un origen remoto en el propio fundador de Tebas, Cadmo. Al encontrar el lugar propicio para fundar la ciudad, buscó una fuente para lavarse. Esta era custodiada por un dragón, que Cadmo prontamente mató. De los dientes del dragón nacieron gigantes, que lucharon entre sí, quedando sólo cinco, que, junto con Cadmo, formarían el núcleo de la aristocracia tebana. La muerte del dragón consagrado a Ares constituyó una grave *hamartia*[57].

Lábdaco, padre de Layo, es nieto de Cadmo, y hereda la maldición familiar: según la tradición, al igual que su primo Penteo, fue despedazado por las Bacantes por haberse opuesto a la introducción del culto de Dionisio en Tebas.

---

[56] Ver sobre el paciente identificado el libro de Paula Boechat *Terapia familiar: mitos, símbolos e arquétipos*.
[57] Ver, para todas las referencias sobre la maldición de los Labdácidas y la saga de Edipo, Brandão, 1987b, cap. VIII, p. 233s.

Layo, durante un período de exilio en la corte de Pélops, se enamora de su hijo Crisipo, raptándolo. Así, falta al respeto tanto a la hospitalidad sagrada, cuyo protector era Zeus, como también a Hera, protectora de los amores legítimos. Layo se considera entonces el introductor mítico de la pederastia en Grecia; la ira de Hera da origen a la maldición de los labdácidas. Crisipo acaba por matarse, avergonzado. Percibimos, así, que el destino de Edipo, como un niño abandonado, ya venía siendo esbozado hace mucho tiempo. La noción de culpa familiar, en la cultura antigua y en mitología, tiene así una gran importancia psicológica.

La falta de Layo, i.e., la homosexualidad, es castigada por Hera, que envía a la esfinge, *la cruel cantora,* semejante a las sirenas por el canto seductor, y a los íncubos, almas en pena productoras de pesadillas eróticas.

El abandono de Edipo en el Monte Citerón y su posterior salvación por un pastor de Corinto, le llevan a ser educado como hijo del rey de la ciudad, Pólipo, y su esposa Mérope. Cierta vez, en un banquete en el palacio, un borracho llama a Edipo *hijo bastardo.* Este hecho lo perturba bastante, y lo lleva a viajar al Oráculo de Delfos para descartar cualquier duda en cuanto a su origen. En este viaje, se cruzará en el *trivium* fatídico con Layo, su padre, y lo matará, sin saber su identidad.

Se cruza después, como sabemos, con la esfinge, y descifra sus enigmas, que en realidad son dos, en la tradición antigua. El menos conocido reza así: *son dos hermanas, la primera genera la segunda, y esta, a su vez, genera la primera.* La respuesta correcta es: *el día y la noche,* que Edipo responde rápidamente.

El segundo enigma, más difundido, habla de un animal, que, poseyendo voz, anda por la mañana con cuatro pies, al mediodía con dos y al atardecer con tres. La respuesta correcta dada por Edipo es: *Anthropos estín* ("es el hombre"). Según algunas versiones, el héroe ni siquiera dio una respuesta verbal, sólo tocando la frente, indicando con esto que él mismo era la respuesta al enigma.

Después de haber resuelto sus enigmas, la esfinge, derrotada, se lanza al despeñadero. Posteriormente Edipo, como premio por su hazaña, se casa con Yocasta, su propia madre, sin saberlo.

La confrontación con la esfinge es el momento crucial de la tragedia Edipo Rey. Esto se debe a que el héroe se enfrenta a su tarea de manera unilateral, extremadamente racional. Juzga descifrar el enigma de la esfinge, que psicológicamente representa el enigma simbólico del proceso de individuación, simplemente por la lógica consciente. En realidad, el enigma sólo será resuelto más tarde, con su experiencia vivencial incestuosa con Yocasta. En la experiencia existencial, de nada valen la lógica y la racionalidad unilaterales.

El propio *enigma,* (en griego, *aínigma, hablar indirectamente, decir veladamente, dar a entender*)[58], está asociado arquetípicamente al ritual del matrimonio, en el cual el héroe conquista a la

---

[58] Sobre el sentido de los enigmas ver Brandão, 1987b, p. 259-260.

princesa. Siendo así, podemos prever, por detrás del íncubo de la esfinge, la figura psicológica del *ánima*, que siempre se presenta con enigmas, claves para el proceso de individuación, siendo ella la mediadora entre el ego y el sí-mismo. Como sabemos, sin embargo, el *ánima* está frecuentemente sobrepuesta al arquetipo de la Gran Madre y hace parte del proceso de individuación la diferenciación del *ánima* de sus contaminaciones con el principio materno.

Para Edipo sólo será posible la elaboración de este proceso después de las penosas revelaciones del adivino Tiresias sobre su verdadero origen. Estas revelaciones, el ahorcamiento de Yocasta y la extirpación de los ojos de Edipo, constituyen la *peripatéia* de la tragedia; su *peripecia*[59], la inversión de todos sus valores que a ella le impone Sófocles. Edipo, antes rey, poseedor del *falso saber*, y por lo tanto del *falso poder*, ahora es el Edipo que se ciega, sumergido en la oscuridad, exiliado, apartado de la ciudad, guiado por las manos de Antígona.

Sin embargo, esta trágica *peripatéia* apunta para otro proceso, descrito en la tragedia de *Edipo en Colono*, de Sófocles. Aquí, Edipo ciego va hasta Colono,

---

[59] *Peripatéia, peripecia*. Fase del desarrollo de la tragedia clásica en la cual el drama alcanza el ápice de dramaticidad, un momento culminante, seguida por una inversión de *todos los elementos* de la tragedia. Los otros momentos son: Presentación de los personajes y lugar (*Dramatis personae*), desarrollo (que anteceden la P*eripatéia)* y *lisis* o solución de la trama, que viene a continuación. Jung tomó esas cuatro fases para aplicarlas a los momentos del desarrollo del sueño. En Edipo Rey la *Peripatéia* ocurre cuando el vidente Tiresias dice a Edipo: "Tú eres el asesino que buscas" (de Layo). Sigue la *lisis* trágica, con ceguera y peregrinación por el desierto.

bosque en las cercanías de Atenas, dedicado a las Euménides, las *benefactoras*.

Este cambio radical en la trayectoria edípica, polar y opuesto al primero, es poco estudiado. El autor junguiano James Hillman dedicó a *Edipo en Colono* una atención especial[60]. Hillman llama la atención sobre la interesante polarización presente en las dos tragedias; en *Edipo Rey* tenemos el predominio de la visión y su dios, Apolo: el oráculo, la visión-ceguera de Edipo y Tiresias, y el poder del rey. En *Edipo en Colono* tenemos el predominio de la audición: el héroe está ciego, oye la voz de su guía Antígona, los ruiseñores de Colono y las voces del coro, que representa el pueblo de Atenas. La verdad, Apolo predomina de forma excesiva en la primera tragedia, y Dionisio, en su rara incursión, la acusación del borracho en Corinto que llama a Edipo *hijo bastardo*, desencadena todo el drama[61].

Las dos tragedias parecen retratar de una manera ejemplar lo que la psicología analítica llama proceso de individuación: la primera mitad de la vida, una búsqueda de adaptación a la realidad, con el peligro de identificación con la persona - el falso poder del rey - y la *peripatéia* de la crisis *liminar* de la mitad de la vida, en la cual el individuo se vuelve hacia su interior (ceguera para el mundo exterior) después de una crisis afectiva, profesional o existencial.

---

[60] Ver la contraposición hecha por Hillman de las tragedias Edipo Rey con Edipo en Colono en *Édipo e variações*. Petrópolis: Vozes.
[61] Esas comparaciones especulares están en Hillman, *Visões sobre Édipo*.

Edipo es recibido en Colono con sentimientos ambiguos al principio, pero, como verdadero *chivo expiatorio* de la *hamartia* tebana, se reviste también de sacralidad. El oráculo predijo que la tumba del héroe protegería a cualquier *polis* de enemigos externos.

En el momento en que Edipo llega a Colono se estaba iniciando la guerra de Tebas contra Atenas, retratada en la tragedia *Los siete contra Tebas*. Creonte y Polinice, hijo de Edipo, buscaron su ayuda y fueron inmediatamente rechazados. Solamente a Teseo, aquel que le dio asilo en Atenas, se entregará Edipo. Esa entrega sin miedo es totalmente diferente de la competencia parricida y filicida que impregna todo el mito de Edipo mientras es Rey. Tenemos ahora una relación madura con el poder.

El ciclo mítico de Edipo termina con su suave descenso al seno de la tierra, a los brazos de la Gran Madre Gaia, en un proceso de conocimiento profundo de sí mismo que los griegos llamaban *anagnóresis*[62]. Edipo cumple su destino, dejando de ser un chivo expiatorio del *genos* de Tebas para convertirse en un protector de Atenas. A partir de la problemática inicial de parricidio e incesto con la madre personal, se desarrolla el proceso de individuación en la segunda mitad de la vida y la relación con la madre arquetípica, Gaia. No es casual que el propio Sófocles escogió como escenario de su bella tragedia Colono, la ciudad donde murió, en edad madura, a los noventa años.

---

[62] Para el concepto de *anagnóresis*, ver Brandão, 1987b, p. 114. El autoconocimiento denominado anagnóresis sólo sucede después de una *Katábase* (descenso) del héroe, que pasa por pruebas iniciáticas.

Hay en cada momento ejemplos prácticos de filicidio en nuestra práctica clínica y de enseñanza. Dando supervisión a candidatos a analistas, veo constantemente poca conciencia de *sentimientos contratransferenciales filicidas* por los terapeutas en relación a los clientes: envidia de las cualidades personales del cliente, de sus bienes materiales, de sus viajes y calidad de vida, así como los padres frecuentemente envidian a sus hijos, por el potencial de juventud, fuerza y salud. No concientizados, estos contenidos permanecen en la sombra y se vuelven bastante destructivos.

El propio Freud tuvo que hacer frente a este problema. Siendo él tan prolífico y tan creativo, tuvo (y tiene) una horda innumerable de seguidores. El creador de un movimiento tan importante como el psicoanálisis, y que tanta influencia ejerce en la cultura contemporánea, tendría que tener una *sombra filicida, un complejo de Zeus*. El hecho mismo de analizar a su propia hija Ana ya es una actividad filicida, pues priva a la propia hija de espontaneidad creadora. No es casual que Ana protegió tanto la imagen del padre, seleccionando lo que podía o no ser publicado en la biografía de Freud hecha por Ernest Jones. Esta biografía, con el mérito de la proximidad de los eventos históricos allí descritos, tiene el demérito de ser una *biografía autorizada*[63].

Paul Roazen intentó debatir el aspecto filicida de Freud en el libro *Hermano animal: la historia de Freud*

---

[63] El artículo del historiador Shonu Shamdasani, *Recuerdos, sueños y omisiones*, demuestra que también el libro de Jung *Recuerdos, sueños y pensamientos* tiene ese aspecto de la autorización (por la secretaria de Jung, Aniella Jaffé y por su familia).

y Tausk (ROAZEN, 1995). Por mucho tiempo Roazen fue perseguido por el medio psicoanalítico por debatir este aspecto de la sombra de Freud. Pero ahora hay un reconocimiento general de que incluso los grandes genios como Freud, Jung, Lacan, Klein, son figuras humanas, y, como tal, tienen limitaciones. Idealizarlos sería el peor camino, ya sea para el psicoanálisis, ya sea para la psicología analítica.

Hermano animal era la expresión que Lou Salomé usaba para llamar a Tausk, con quien tuvo un romance. El libro muestra el compromiso de Freud en el suicidio de Tausk, su talentoso discípulo, que siempre se quiso analizar con él. Freud pensaba que Tausk no sólo lo admiraba, sino que quería también apropiarse de sus ideas. Lo rechazó para análisis y lo remitió a su discípula Helene Deutsch. Esta, sin embargo, era paciente de Freud, con varias sesiones por semana, siendo un tema frecuente de estas sesiones su instigador paciente Tausk. Establecido el insostenible triángulo Freud-Deutsch-Tausk, Freud termina sugiriendo que su paciente Deutsch diera de *alta* a Tausk. Incapaz de soportar el rechazo, Tausk comete un doble suicidio, por disparo y por ahorcamiento. El obituario de Tausk fue el más largo de todos los escritos por Freud, lo que ya es significativo (ROAZEN, 1995).

El problema del filicidio dentro del movimiento psicoanalítico ahora puede ser mejor detectado y elaborado no sólo en relación a Tausk sino en relación al propio Jung, que, no logrando tolerar la presión del padre simbólico, terminó por alejarse del movimiento. Hubo otros retiros en los años clásicos del psicoanálisis, debido al mismo problema, como el de Rank y Ferenczi, este último el más importante, cuyas ricas contribuciones sólo posteriormente serían correctamente apreciadas.

7. Amor e individuación: Eros y Psique[*]

Cuenta la leyenda que dormía
Una princesa encantada
A quien sólo despertaría
Un Infante, que vendría
De más allá del muro de la
calzada

La princesa Adormecida,
Se espera, durmiendo espera.
Sueña en muerte su vida
Y le orna la frente olvidada
Verde, una guirnalda de hiedra.

Pero cada uno cumple el Destino
Ella durmiendo encantada
Él buscándola sin tino
Por el proceso divino
Que hace existir la calzada.

---

[*] Partes de este capítulo fueron publicadas en el libro *Mitos y arquetipos del hombre contemporáneo*. El capítulo anterior fue considerablemente modificado y ampliado.

Y, todavía atónito de lo que sucediera
A la cabeza, en marejada,
Yergue la mano, y encuentra hiedra
Y ve que él mismo era
La Princesa que dormía.

Fernando Pessoa, "Eros e Psique", 1999, p.181

Eros y Psique es un bellísimo cuento de hadas del mundo antiguo que nos habla de dos grandes *Daimones*, Eros y Psique. Es importante, que desde el principio, nos atengamos al significado exacto de la palabra *Daimon*, en la mitología e historia de las religiones.

Entre los pueblos primitivos e incluso de la antigüedad tardía, los demonios no ejercían una actividad siempre maligna; su influencia mala o negativa dependería de la actitud de los hombres frente a ellos. Con el advenimiento del cristianismo, surgió la idea, por influencia oriental, de espíritus puramente malignos. En los cuentos de *Las mil y una noches*, por ejemplo, se habla con frecuencia de la *raza de los genios*, enemiga de la de los hombres. Estos genios eran siempre más poderosos que los hombres y, temibles, podrían ser derrotados sólo con mucha astucia[64].

En el paganismo, los espíritus eran vistos como fuerzas de la naturaleza, sin connotación moral. Estos mediadores, siempre entre hombres y dioses, eran los *Daimones*, Eros y Psique entre ellos. La intensa

---

[64] Libro de *Las mil y una noches*. *Ramo Sírio*. Traducción del árabe por Mamede Mustafa Jarouche…

polarización entre el bien y el mal, que caracterizó la cultura judeo-cristiana de forma esencial, trajo siempre la idea de mediadores divididos; los del bien, ángeles; y los del mal, demonios[65].

En el Antiguo Testamento son frecuentes las apariciones de ángeles, como en el libro de Job, Ezequiel y Daniel, así como en el libro apócrifo de Tobías. En el libro de Job, la figura máxima entre los demonios, Satanás, tiene un papel crucial. En el Nuevo Testamento, los ángeles tienen vital importancia, desde el nacimiento (anunciación) hasta la muerte de Jesús, y Satanás es retratado como Lucifer, el líder de los demonios soberbios que fue castigado por Dios Padre.

Sin embargo, la doctrina de *Privatio Boni* expresa la enorme dificultad de asimilación del mal como entidad en sí misma por la comunidad cristiana, incluyendo allí a Lucifer y todo su oscuro séquito. El intermediario por excelencia entre Dios y los hombres es Cristo, sin duda. Pero gradualmente Cristo fue perdiendo su sustancia terrestre, su aspecto humano fue peligrosamente dejado de lado, hasta que finalmente, en concilio, las autoridades eclesiásticas promulgaron la doctrina de la *homousía, aquel que es hecho de la misma sustancia*. Jesús pasó a ser considerado de la *misma sustancia* que las otras figuras de la Santísima Trinidad, el Padre y el Espíritu Santo. La intermediación de la Virgen María adquirió una importancia capital en el culto mariano, pues ella es aquella que *intercede por todos nosotros*.

---

[65] Ver el origen oriental de los *Daimones* en Von Franz, 1980, p.64ss.

La figura del intermediario es, pues, una necesidad arquetípica que se expresa en diferentes culturas. Entre los romanos, por ejemplo, siempre hubo el culto del *genio del lugar*, un espíritu protector que es constelado. La creencia de que ciertos lugares poseen determinados atributos es bastante arcaica. Von Franz recuerda pasajes del propio Antiguo Testamento en los cuales las montañas, ríos y otros accidentes geográficos son animados por dioses o ángeles. Un ejemplo de estas proyecciones del inconsciente es la atribución de divinidad al lugar donde Jacob tiene el famoso sueño de una escalera por donde suben y bajan los ángeles. Jacob llama al lugar *Bethel*, que significa: Casa del Señor[66].

En la Casa Eranos, en Ascona, a las márgenes del Lago Maggiore, ocurrían anualmente los famosos encuentros multiculturales *Eranos*, en los cuales Jung siempre participó, junto con Kerényi, Mircea Eliade, Gerschom Scholem y otros importantes pensadores. En sus bellos jardines, el visitante encontrará un pilar misterioso, esculpido por Olga Fröbe-Kapteyn, propietaria de la *Villa* y fundadora de los eventos. En él está inscrita una evocación al *genio del lugar*: *Genio Loci, Ignoto*.

La existencia universal del *Daimon* o *Genio* como mediador universal nos remite a los arquetipos del *ánima* y del *ánimus* como los describió Jung, como factores conductores al sí-mismo o *self*, como factores mediadores entre el ego y el inconsciente colectivo.

---

[66] Ver referencia a este pasaje en: Von Franz, 1983.

Es común en el consultorio, en el inicio del proceso terapéutico, que los pacientes inicien el proceso con la actitud de total proyección de sus contenidos internos en situaciones externas, inmersos en la ilusión y defensa proyectiva. Todavía no están listos para el viaje en el cual el *ánima* y el *ánimus* funcionarán como *psicopompos* [67] o guías para la actualización del sí-mismo.

La historia de Eros y Psique aparece en el libro del escritor latino Apuleyo, *Las metamorfosis*, popularmente conocido como *El asno de oro*. Considero interesante que investiguemos un poco sobre la personalidad del propio Apuleyo para que entendamos el contexto en el cual el cuento aparece. Intelectual, profesor de retórica y filósofo de orientación neoplatónica, Apuleyo nació en Madaura, norte del África, en la actual Argelia, en el siglo II d.C., siendo después educado en Cartago y Atenas.

Interesado en ocultismo, Apuleyo viajó a Trípoli a la edad de 29 años, siendo atacado por una grave enfermedad cuando estaba en compañía de un amigo, Ponticiano. Fue llevado a la casa de una viuda rica, que tenía entonces cuarenta años, y se casó con ella.

Los parientes de su esposa lo acusaron, sin embargo, de usar las artes de la magia para seducir a su mujer y apropiarse de sus bienes. Apuleyo despidió al abogado defensor y se defendió a sí mismo. En su discurso de defensa, *Apología* o *De Magia*, Apuleyo

---

[67] *Psicopompo*: Palabra griega derivada de *Psique*, alma, y *Pompós,* guía o conductor. La palabra (uno de los epítetos del dios Hermes) quiere decir: *conductor o guía de las almas.*

mostró todas sus cualidades como retórico y filósofo. Este discurso sigue siendo un testimonio preciso de la ciencia oculta en el mundo antiguo. En él Apuleyo evitó el motivo delicado de la magia y demostró la pureza de sus intenciones[68].

Apuleyo parece haberse dedicado en su juventud a crear poemas para jóvenes compañeros y tendría una orientación sexual poco definida, sería bisexual u homosexual. Su posterior matrimonio con una mujer mucho mayor de la cual se tornó dependiente financieramente son trazos de una personalidad a la cual la psicología analítica llama *puer aeternus*.

Jung usó esta denominación a partir de Ovidio, que en su obra *Metamorfosis* así llamó al joven dios Eros, representado *siempre joven*, alado, y portando una aljaba con sus flechas del amor.

El complejo del *puer aeternus* define bien la personalidad apegada a una figura materna bastante fuerte, con estrechos vínculos con la infancia, con dificultades para entrar en el tiempo histórico del vivir y del envejecer, como aparece típicamente en el personaje de Wilde, Dorian Gray. Es significativo que la expresión que define una psicopatología arquetípica, *puer aeternus*, haya tenido su origen en la descripción de Ovidio de Eros, personaje central en nuestra narrativa y que nos llegó a través de Apuleyo, un *puer aeternus avant la lettre*.

La historia de Eros y Psique aparece en forma de cuento de hadas antiguo incluido en el romance

---

[68] Ver todas las citaciones sobre la vida de Apuleyo y la creación de su libro *Las Metamorfosis* en: Von Franz, 1980.

iniciático de Apuleyo, *Metamorfosis*. El libro como un todo narra la iniciación del autor en los misterios antiguos de Isis. Esta iniciación lleva al autor a una metamorfosis simbólica en asno, hasta una posterior redención, en las tierras de Egipto, después de comer rosas, logrando así recuperar su forma humana. El asno, símbolo de *Seth*, el principio del mal y de lo oscuro, personifica aquí la estructura central en toda religión de misterio: el descenso del adepto a las regiones oscuras del instinto y la apokatástasis [restauración] final: una salvación con una restauración a la forma original primitiva.

El desarrollo del drama de *Metamorfosis* es entremezclado con historias, algunas oníricas, otras que se refieren al plano de la realidad externa, que hablan del viaje de un cierto *Lucio* (nombre que deriva del latín *lucere, lux*, es decir *brillar, luz*) que simboliza la *capacidad de obtener conciencia a través de la experiencia* (VON FRANZ, 1980:18). Entre estas historias está la fábula de Eros y Psique, sin duda ya pre-existente en el mundo antiguo, pero de la que Apuleyo hace uso para describir su iniciación en forma metafórica. Las historias son diversas y sus personajes son, de una forma o de otra, expresiones de contenidos psíquicos del propio Apuleyo, o de su *alter ego Lucio*, y de conflictos y contrastes culturales de su propio tiempo. La primera historia habla de un personaje llamado *Sócrates* que es asesinado por la bruja *Meroe*. No por casualidad, Apuleyo da al personaje el nombre del padre del racionalismo en Occidente; la bruja, representando el poder de la Gran

Madre, puede perturbar la capacidad discriminatoria consciente.

Lucio escucha la triste historia de Sócrates, narrada por un compañero de viaje de este último, Aristómenes, a quien la hechicera *Meroe* intenta incriminar por el asesinato de Sócrates. Sin embargo, nuestro personaje escucha sin emocionarse, un mecanismo típico de escisión ocurre, como es frecuente encontrar en la clínica de *personalidades fronterizas (borderline)*, como es el caso de *Lucio-Apuleyo* (SALANTI, 1992:248).

Sin embargo, el sacrificio inicial de la posición racional *parece ser necesario* para que todo el proceso de transformación psicológica ocurra. En su viaje, Lucio encuentra una mujer extraña, *Panfilia* ("el amor para todos"), una prostituta que representa el principio de Eros en una forma menos diferenciada. *Fotis*, una bella esclava de la casa con quien Lucio se involucra emocionalmente, representa la función *ánima* de forma más característica y creativa.

Si, por un lado, períodos de intensa indiscriminación sexual pueden anteceder a verdaderos episodios psicóticos (la metamorfosis en asno), por otro lado el arquetipo de la Gran Madre, representado por las diversas figuras femeninas con un marcado tono erótico, es fundamental para que todo el proceso se desarrolle.

La verdad, la moral burguesa convencional con sus tendencias a las monótonas repeticiones no lleva a grandes renovaciones. Estamos aquí aproximándonos al cuento *Las Metamorfosis* como un todo, y buscando sus correspondencias con la personalidad de Apuleyo.

Percibimos al autor, desde el principio, como un *puer aeternus*, y, aunque tengamos datos un poco dispersos sobre su biografía, podemos seguir a Von Franz y afirmar: era una personalidad dividida, racional por un lado, maestro de un racionalismo lleno de manierismos, pero disociado de sus instintos básicos y de su sexualidad.[69]

El punto principal de la historia de Lucio es la relación con lo *numinoso* vivenciado a través del arquetipo de la Gran Madre, en este caso por una personalidad disociada, solar, defendida en sus racionalismos. Este tipo de *actitud solar* no es adecuada ni para que el individuo se confronte con su inconsciente, ni para que el terapeuta trabaje material arcaico de personalidades fronterizas asaltadas por imágenes numinosas del inconsciente. Lucio visita a su tía *Birrena*, en cuya casa ve un bajorrelieve que muestra Acteón espiando a Artemisa desnuda, bañándose en un bosque sagrado. El mural hace referencia al conocido episodio mitológico que Ovidio narra así:

> *Aun así, más alta que ellas la propia diosa es, y hasta el cuello sobresale a todas…*

---

[69] Von Franz, 1980, p.8, cap. "Lucio y su Tiempo".

Aunque quisiera prontas haber tenido sus saetas, las que tuvo, así cogió aguas y el rostro viril regó con ellas, y asperjando sus cabellos con vengadoras ondas, añadió estas, del desastre futuro prenunciadoras, palabras: «Ahora para ti, que me has visto dejado mi atuendo, que narres -si pudieras narrar- lícito es». Y sin más amenazar, da a su asperjada cabeza del vivaz ciervo los cuernos...y vela de maculado vellón su cuerpo... añadido también el pavor le fue... Pero cuando sus rasgos y sus cuernos vio en la onda: «Triste de mí», a decir iba: voz ninguna le siguió...

Mientras duda, lo vieron los canes... esa multitud, con deseo de presa... le persigue. Él huye... Gritar ansiaba: «¡Acteón yo soy, al dueño conoced vuestro!». Palabras a su ánimo faltan... la restante multitud se une y acumula en su cuerpo sus dientes. Ya lugares para las heridas faltan... Por todos lados le rodean, y hundidos en su cuerpo los hocicos despedazan a su dueño bajo la imagen de un falso ciervo. Y no, sino terminada por las muchas heridas su vida, la ira se cuenta saciada, ceñida de aljaba, de Diana. (OVÍDIO, Metamorfosis, Libro III, apud SALANT, 1992: 251).

El mural muestra de forma clara los peligros que amenazan a Lucio: su mirada curiosa y poco sabia para el arquetipo del femenino puede llevarlo a un proceso psicótico. Las advertencias de su tía Birrena, de que Panfilia es una hechicera peligrosa, sólo sirven

---

*Traducción de Ana Pérez Vega, Ovidio. Metamorfosis. Sevilla, España. Orbis Dictus. 2002. 321 (N.d.T.)

para aumentar la curiosidad de Lucio en relación a la magia.

Ayudado por Fotis, observa como Panfilia usa un ungüento para transformarse en pájaro y volar para una experiencia de seducción. Lucio, al intentar imitarla, recibe de Fotis una preparación equivocada, transformándose en asno.

Las diferentes representaciones femeninas en el desarrollo de la historia de Lucio-Apuleyo, personifican las diversas representaciones del inconsciente durante el doloroso proceso de estructuración egoica de una personalidad *borderline*. Birrena, con sus sabios consejos y acogimiento, personifica representaciones del arquetipo de la Gran Madre positivos y de los cuales la personalidad fronteriza tanto carece. Es el continente que estructura, es el recipiente afectivo no-verbal que organiza emociones del ego en estructuración; es el analista como continente en las transferencias simbióticas.

Es importante señalar que el aprendizaje en la casa de Birrena no es sólo verbal, sino también, y principalmente, no-verbal, por la escena en bajorrelieve de Acteón y Artemisa. Lucio, sin embargo, no tiene las condiciones de asimilar estas verdades, estando poseído por lo *numinoso* del inconsciente colectivo.

La magia de Panfilia simboliza el carácter incestuoso que el contacto con el inconsciente adquiere con una personalidad tipo *puer aeternus*, como Lucio. La búsqueda del ungüento mágico no es para él un motivo religioso de transformación interior, o de redención (en estas situaciones el principio femenino revela todo su carácter regenerativo), sino que, en el caso de Lucio, la búsqueda es de poder, lo que se muestra catastrófico.

El asno tiene una simbología específica, antes de la época en la que Apuleyo escribió *Las Metamorfosis*. Es símbolo de Seth, el dios eterno enemigo de su hermano Horus, y que desmembró a Osiris; símbolo de las tinieblas y del peligro, Seth personifica la compulsión sexual y la emoción agresiva avasalladora. El asno también fue consagrado tradicionalmente a Dionisio, en su aspecto de intoxicación. Salant (1992: 260) menciona el hecho de que algunas personas se sintieron transformadas en animales durante vivencias psicóticas. Este es un hallazgo que coincide con relatos de algunos pacientes psicóticos que acompañamos. Este parece ser el sentido psicológico de la metamorfosis en asno.

Inmediatamente después el *regressus ad uterum* incestuoso de Lucio, otras figuras simbólicas irrumpen en su viaje simbólico: ladrones lo llevan a él (en la condición de asno) y a Fotis. Una gran *vía dolorosa* tiene inicio entonces para nuestro personaje, pues aunque sepa el camino para recuperar la forma humana – comer rosas - no puede hacerlo, pues esto significaría la muerte delante de sus raptores.

Llevado a la caverna de los ladrones, Lucio, transformado en asno, oye la historia de Eros y Psique narrada por una *vieja borracha*. La narrativa ocupa buena parte del libro de Apuleyo, constituyendo su motivo nuclear. Lo que Birrena antes no propiciara - la redención de Lucio – solamente la vieja borracha será capaz de propiciar mediante el cuento simbólico que antecede el comer las rosas redentoras de la diosa Isis.

El *puer aeternus* no tolera por lo general posturas terapéuticas de intervención basadas en el principio de la realidad. El analista deberá ser lo más sintónico posible con sus fantasías arquetípicas que pueblan el material analítico. Si el proceso de individuación esquemáticamente es realizado por la sombra, *ánima / ánimus* y sí-mismo, en estos pacientes, que poseen frecuentes fantasías religiosas, el camino es exactamente invertido; el analista debe acompañar los procesos religiosos del sí-mismo iniciales hasta el descenso a la sombra. En este contexto se ubica el contraste de los consejos apolíneos de Birrena y el cuento de Eros y Psique narrado por la vieja borracha.

El cuento de Eros y Psique es un relato del arquetipo de *coniunctio*. Lucio no realizará su unión creativa con su *ánima*, personificada por la esclava Fotis; al contrario, ésta le da un *ungüento equivocado* y lo lleva a una regresión patológica, es decir, a una posesión por el *ánima*.

El *comer rosas* es un símbolo muy profundo de carácter transformador y regenerador del femenino. Sólo a través de este acto ritual, Lucio será capaz de recuperar su forma humana. La *rosa* simboliza el aspecto trascendental del principio femenino; en su forma mandálica representa la totalidad alcanzada por el ascetismo purificador concretado en sus espinas. Se comprende así que el descenso de Lucio en el estado de asno incluye un proceso religioso transformador.

Sin duda, tomando los datos personales conocidos de Apuleyo, podemos considerar a Lucio como un *alter ego* suyo, el viaje de Lucio como su propia iniciación en los misterios de Isis (la diosa a quien pertenecen las rosas), los diversos cuentos de *las Metamorfosis* como símbolos de su proceso de individuación, el cuento central del libro, *Eros y Psique*, como su problema básico a ser rescatado.

Si por un lado Psique ejecuta las cuatro dificilísimas tareas, necesarias para su desarrollo psicológico, Eros, aunque aparentemente distante, tiene una tarea igualmente importante: diferenciarse de su madre Afrodita, que lo domina completamente, y rescatar su *ánima* Psique. Eros debe dejar de ser un *fils a maman*, un *puer aeternus,* como lo llamó Ovidio.

El opus individuationis de Psique

Veamos ahora de la historia de Eros y Psique propiamente dicha y su simbolismo. Psique era una mujer mortal extremamente bella, tan bella que los hombres, encantados con su suprema belleza, comenzaron a adorarla en lugar de la diosa apropiada para esas veneraciones, Afrodita, la diosa de la belleza universal.

Los altares de Afrodita quedaron vacíos[70].

---

[70] Psique queda presa en el fenómeno de la *hýbris,* tan presente en el ciclo de los héroes y humanos escogidos: el *pecado del orgullo,* el hecho

Poseída por un odio vengativo, Afrodita determina que su hijo Eros haga que Psique se enamore del más feo de los hombres. Sus padres consultan el Oráculo de Apolo en Mileto sobre el hecho de que Psique no tiene marido. La respuesta del oráculo es terrible, determinando que ella sea expuesta en un peñasco para unirse a un terrible monstruo. Afrodita envía a su hijo Eros con órdenes para vigilar a Psique en el peñasco. En el instante en que él la ve, Eros se hiere con una de sus flechas en su aljaba y se enamora perdidamente de la hermosa muchacha. Ordena al viento Céfiro que la transporte a su palacio y allí llevan una vida conyugal feliz. Sin embargo hay una prohibición: Psique no puede saber jamás quién es su marido. Eros vive en el Olimpo cerca a su madre Afrodita y sólo visita a su amada en la noche, a oscuras, para no ser reconocido. En ese estado de inconsciencia Psique es feliz, es atendida por voces en todos sus deseos y termina embarazada.

Sin embargo, las dos hermanas de Psique salen a buscarla y, finalmente, la encuentran en su bello castillo. Poseídas por una envidia profunda, quieren que Psique revele quién es su marido y la joven al principio miente, inventando una historia, pero termina

---

del humano creerse semejante o superior al dios. Este proceso desencadena la *némesis*, o venganza divina. Whitmont (1978:99) sugiere un interesante (aunque trágico) caso de neurosis moderna por identificación de una mortal con Afrodita: La actriz Marilyn Monroe relató un sueño en el cual se veía en la iglesia. La soñadora se da cuenta que está desnuda, y que todas las personas presentes estaban postradas a sus pies.

por confesar que la verdad no sabe quién es su cónyuge. Las hermanas terminan convenciendo a Psique de que él es una serpiente monstruosa. Sugieren que ella se prepare con una lamparilla para iluminarlo en la noche y un cuchillo para matarlo. Totalmente convencida, la joven se acerca en la noche para librarse del monstruoso cónyuge, pero al acercarse al dios adormecido, iluminado por la débil luz de la lamparilla, cae en éxtasis delante de tanta belleza inmortal. Se hiere con una de las flechas de la aljaba del dios del amor y queda de él perdidamente enamorada. Un poco del aceite hirviente de la lamparilla cae sobre el hombro del dios, hiriéndolo. Eros, maldiciendo la ruptura de la prohibición de Afrodita, vuela hasta el Olimpo, con la firme intención de nunca más ver a su amada.

Poseída por una profunda depresión, Psique intenta matarse, arrojándose a las aguas caudalosas de un río cercano. Pero las propias aguas del río, encantadas con la belleza de Psique, con un movimiento la lanzan de regreso a tierra firme. Pan, que reposaba allí cerca, consuela a la heroína, sugiriéndole que no desista y salga en busca de Eros. Es lo que hace la joven, buscando a su amado por todas partes. Por casualidad termina llegando al Palacio de Afrodita.

Afrodita, a sabiendas que Psique no sólo no fue entregada a un monstruo, sino que, además, tenía a su hijo como amante, es poseída por un odio violento: rasga las ropas de la pobre muchacha, además de golpearla con violencia. Propone a continuación a Psique las cuatro famosas tareas. La primera de ellas parecía dificilísima e insuperable: separar una gran cantidad de semillas de diferentes tipos, en una sola noche. Una tarea imposible para cualquier mortal. Psique adormece en lágrimas, cuando hormigas apiadándose de ella realizan la tarea de separación de las semillas.

Afrodita no puede creer en el cumplimiento de la tarea, y propone una más difícil: Psique debería recoger copos de lana dorada directamente del dorso de ovejas que pastaban en un lugar cercano. El problema es que las ovejas eran extremadamente feroces y atacarían con cornadas violentas y mordeduras envenenadas a quien se aproximara a ellas, reduciendo a la persona en pedazos. Psique se desespera y piensa en lanzarse a un río cercano, matándose. Una caña de la orilla del río aconseja a Psique: la lana sólo deberá recogerse al ponerse el sol. Las ovejas se mostraban feroces solamente con el sol en su punto más alto. Al atardecer, los animales reposarían junto a los árboles y la codiciada lana quedaría atrapada en las ramas. Bastaría a quien quisiera sacudir las ramas y obtener la lana dorada. Así lo hace Psique y logra recoger la lana.

Tan pronto se realiza esta tarea, la diosa del amor propone la tercera y más difícil tarea hasta entonces: la amante de su hijo deberá escalar un acantilado empinado y buscar agua de una fuente que brotaba de lo alto. Esta fuente estaba custodiada por dos dragones. El agua de esta fuente alimentaría a los propios ríos infernales, el Cocito y el Estigio. El agua debería ser entregada a la propia Afrodita, en un jarrón de cristal que ella le dio. Psique no tenía idea de cómo llegar a la fuente y enfrentar los peligrosos dragones, se desespera, no logra subir el empinado peñasco, piensa en matarse cuando el propio Zeus, en su forma de águila, se manifiesta para ayudarla. Tomando el jarrón, buscó el agua del río que nacía de lo alto entre dos piedras peligrosas. Entregó el jarrón lleno del agua requerida en las manos de Psique.

La cuarta tarea sería la más difícil de todas: Psique debería descender al mundo subterráneo, presentarse a Perséfone, reina de los muertos, y, en nombre de Afrodita, pedirle una porción de la crema de belleza inmortal, coger la crema y volver, ofreciéndola a Afrodita. También hay una prohibición: no podrá ver la crema, o tomarla para sí misma. Una tarea difícil para cualquier héroe. Psique se desespera y va hasta una torre, de donde pretende lanzarse, matándose. La torre conversa con la heroína, dando instrucciones de cómo recoger la crema de la belleza. Debe llevar una torta de cebada y miel en cada mano para apaciguar al perro Cerbero, que custodia el mundo de abajo; deberá llevar también dos monedas para ofrecer al barquero Caronte para pagar su viaje de ida y vuelta. No deberá prestar atención o ayudar a nadie. Así lo hace Psique, ofrece la torta al perro guardián del umbral, remunera al barquero de los muertos. En el mundo de abajo encuentra un hombre cojo con un burro también cojo, que carga leña[71]. Aunque él le pide ayuda, no lo hace. Después de recoger la crema de la belleza de la reina de los muertos, al regresar por el río con el barquero un viejo sale de las aguas y

---

[71] Von Franz interpreta la imagen del asno cojo como un conductor igualmente cojo representando la *indecisión* (VON FRANZ,1980). Ayudando al dueño cojo del burro, Psique estaría cediendo a la indecisión.

pide ayuda. Psique cumple lo que le fue dicho, ignorando sus solicitudes.

Hecho todo el recorrido, al subir al mundo de los vivos Psique termina cediendo al más femenino de los impulsos: poseída por una incontrolable curiosidad (la eterna *curiositas...*) abre la caja de la belleza y mira la crema. Tan pronto lo hace, es poseída por el sueño irreparable de los muertos. Pero Eros, siendo dios, presenciando todo y emocionado con el esfuerzo de su amada, baja al mundo de los mortales y la toca con una de sus flechas, despertándola. La transporta hasta el Olimpo. Con el permiso de Afrodita, Psique se convierte en una diosa inmortal, se casa con Eros y tiene una hija con él cuyo nombre es Voluptas [72].

Esa es la leyenda de Eros y Psique, sintetizada, basada en la versión de Apuleyo. Narra cómo el alma humana, a través del amor, puede diferenciarse dentro de lo que en psicología analítica llamamos el *proceso de individuación*. El pecado de *hýbris*, el orgullo, ocurre cuando el héroe, el impulso arquetípico de buscar el origen divino en cada uno, da a la personalidad consciente la fantasía de que las cualidades trascendentes que percibe en sí pertenecen al ego consciente, solamente a él, teniendo origen en el ego. Las cosas deben ser puestas en su debido lugar, para que el individuo perciba el origen trascendente de las cualidades que aparecen en su conciencia provenientes del mundo arquetípico del sí-mismo. El *mitologema de la exposición*, por el cual también pasa Psique, habla de

---

[72] Sintetizado a partir de Brandão (1987), Neumann (1973b) y Von-Franz (1980).

la experiencia de aislamiento y pérdida de referencia inicial, en la búsqueda de un proceso de individuación.

Sólo a través del amor puede el alma (Psique) diferenciarse en dirección a su origen arquetípico divino. La interferencia del divino soplo (viento Céfiro) es fundamental para las experiencias espirituales en la cuales el individuo es transportado a un *temenos* (lugar apropiado para una ceremonia sagrada, protegida) —el Castillo de Eros – de encuentro ritual (*coniunctio oppositorum*) con su naturaleza divina. Este encuentro se da en un estado psicológico trascendente, diferente del cotidiano del individuo.

Las hermanas representan la *sombra* o las resistencias del individuo a la transformación psicológica. Por lo tanto, aunque aparentemente negativos esos contenidos sombríos traen movimiento y retiran el ego de su condición de inconsciencia inicial[73]
.

Mientras el individuo es servido por *voces* él está guiado solamente por su intuición y sensibilidad, sin ser consciente todavía del proceso de confrontación con el inconsciente. Es un estado muy similar al proceso de análisis en sus etapas iniciales, cuando el paciente está preso en proyecciones y culpando siempre al otro por todo lo que le ocurre, con poca capacidad de reflexión. El cuchillo que se le da representa la discriminación mental, el pensamiento racional, pues la naturaleza de lo divino es apenas intuida. Con el filo del pensamiento lógico la

---

[73] Semejante al pecado original cristiano, que Agustino llamó *felix culpa* (culpa feliz), por retirar la pareja primordial de la inconsciencia del paraíso.

naturaleza y esencia de nuevo contenido podrá ser integrado a la conciencia. La lamparilla, luz del ego consciente, es la visión consciente del nuevo valor a ser integrado, luz que palidece frente a la luminosidad divina de Eros (*insight* proveniente del arquetipo inconsciente, que modifica totalmente los antiguos valores de la conciencia).

La confrontación directa del nuevo contenido arquetípico (bellísimo dios adormecido) normalmente es imposible al ego adaptado por la *persona* al cotidiano de la vida de la conciencia. Esta confrontación lleva a una inflación que puede tener manifestaciones clínicas como trastorno de conciencia, sentimientos de omnipotencia y desadaptación. El penoso trabajo de las cuatro tareas llevará a una gradual integración del nuevo contenido[74] . Después del gran *insight* inicial, el ego debe inicialmente seguir sus instintos e impulsos subliminales (hormigas) para discriminar y conocer mejor sus potenciales durmientes en el inconsciente (semillas). La verdad, estos potenciales siempre estuvieron allí, pero el individuo, dominado por la actitud consciente volcada solamente para la adaptación al cotidiano, no percibe estas semillas adormecidas. Es necesario discriminarlas dentro de la masa confusa inconsciente para que puedan germinar.

---

[74] Jung sugiere que durante el proceso de individuación el ego queda relativizado, con la gradual emergencia de los contenidos del sí-mismo en la consciencia. El autor sugiere la construcción gradual de una *convivencia amigable* entre ego y sí-mismo (¡Psique y Eros!) en la consciencia como objetivo del proceso de individuación. (JUNG, 1946/s.d., § 430-432).

La segunda tarea también refuerza esa idea de mayor contacto con el inconsciente que la personalidad debe habituarse a buscar, pues la luz solar de la conciencia diurna es incapaz de una actitud simbólica adecuada. Lo sutil del consejo de la caña de la tierra (el falo de la tierra) instintiva, sugiere la actitud *crepuscular*, con la *reducción del nivel mental*, necesario para aprovechar las experiencias sutiles de la dimensión de lo sagrado[75]
.

Aún el contacto con los instintos, representado por el dios Pan, puede garantizar una supervivencia a la personalidad sana que busca ser más integrada. Esta integración con la totalidad es alcanzada siempre con el auxilio supremo del *sí-mismo* o *self*. El águila es la *hipóstasis*[76] frecuente de Zeus, y, en este caso, el cuento expresa el hecho de que debemos siempre buscar estar en contacto con el espíritu interno, y no juzgar nunca que la conciencia aislada sea capaz de todas las tareas. El agua del Río Estigio es la misma agua que garantizó protección al cuerpo de Aquiles. El agua de origen divino, el *refresco del espíritu*, es el consuelo en el proceso de individuación. De origen eterna y trascendente, está también contenida en los pequeños límites de la personalidad individual (jarrón que es entregado a Psique). El alma debe entrar en contacto con el misterio de la presencia de lo divino en sí.

---

[75] Recordamos que ciertos estados psicopatológicos ocurren con la diminución del campo de la consciencia, y por eso son llamados *estados crepusculares* (*estado crepuscular histérico*, por ejemplo). Pero la *creatividad* también ocurre en esos momentos crepusculares, cuando la razón crítica debe ser relativizada.

[76] Hipóstasis: Representación equivalente eficaz de un dios.

La torre, elemento artificial, artefacto construido por el hombre, marca la presencia de la conciencia humana ya más diferenciada en la cuarta y última tarea. De sus alturas la personalidad puede discriminar y ver a lo lejos, pero también pueden tener fantasías de autodestrucción. El pensamiento que discrimina puede también tomar decisiones contrarias a cualquier proceso constructivo. En este caso, las decisiones sobre la cuarta tarea son todas tomadas a partir de los consejos de la torre, que simbolizan decisiones y discriminaciones más derivadas de la reflexión personal de un ego independiente y responsable, no una sabiduría que parte de impulsos (hormigas) e instintos (caña y Pan), sino de un *reflexio* autoconsciente. Así, las decisiones de llevar tortas de miel para Cerbero, dar monedas para el barquero Caronte y de no dar ayuda a ningún ser, provienen de costumbres de la tradición antigua presentes en los demás procesos de *catábasis*[77] al reino de los muertos. Derivan de la reflexión mental individual. Aquí percibimos al individuo en grado decisivo respondiendo con sus elecciones y reflexiones por su destino. Y el factor de elección individual, ética, es fundamental. No se puede esperar que el inconsciente *resuelva* todos los problemas interpuestos en el camino de la individuación, pues ese es siempre un

---

[77] *Catábasis*: Descenso al reino de los muertos. Normalmente se dice del proceso de muerte iniciática del héroe, que desciende al mundo del Hades y renace, subiendo al mundo de los mortales, con la conciencia transformada (anábasis). En los procesos analíticos, se espera que este proceso ocurra, simbolizando la transformación de conciencia del analizando.

arduo diálogo entre la responsabilidad consciente y la creatividad del inconsciente.

A semejanza de Orfeo, sin embargo, nuestra heroína *mira hacia atrás*, es decir, mira con curiosidad la crema de la belleza de Perséfone, rompiendo la prohibición de la tarea. Este interludio inesperado nos parece que ocurre por una razón: mientras que las tres primeras tareas son ejecutadas por Psique, auxiliada por algún ayudante divino, un *deus ex machina*, que simboliza en el caso la dependencia del ego del arquetipo del sí-mismo para la realización del proceso de individuación, (ayuda de un elemento interno, subjetivo), la cuarta y última tarea, la más misteriosa y difícil, tiene la participación del propio Eros. La participación de Eros parece significar que el proceso de individuación sólo puede ser completo con el *diálogo con el otro* (*ayuda externa*). La *interacción con el otro,* que ve el proceso desde afuera, favorece y ayuda a la contención del proceso de individuación por la conciencia. El individuo solo cae frecuentemente en un *sueño letárgico*, es decir, queda adormecido en las proyecciones de los contenidos inconscientes y no logra la confrontación discriminativa eficaz. *Ese otro* del cuento puede ser personalizado por las relaciones significativas en la vida de cada uno o evidentemente por la figura de su propio analista personal. Eros fecunda a Psique, promoviendo la individuación; esta *coniunctio*[78] de Eros con Psique, nuestra propia alma, fundamental

---

[78] Jung tomó la alquimia como metáfora del proceso de individuación o realización de la personalidad. Entre las operaciones de la alquimia antigua, la *coniunctio* (la conjunción de los opuestos) es entendida como la más importante, la última de las operaciones. (cf. en el cap. 5, el Mito de Atalanta).

para la auto-realización, en términos del *setting terapéutico* moderno fue llamada *transferencia*.

Solamente después de oír el cuento de Eros y Psique, metafórico de la *coniunctio* del Yo y del Otro, Lucio está listo para completar su ciclo iniciático y comer las rosas de Isis. Se abre, así, una posibilidad de transformación de la personalidad.

Walter Boechat

8. Mito y creatividad

Hefesto, el dios de la *téchne**

La representación arquetípica de Hefesto nos muestra inicialmente un dios periférico, no incluido en el orden patriarcal del Olimpo, cojo, rechazado por sus padres, lanzado al mar. Cuando pensamos en los olímpicos, nos vienen a la mente Apolo, Atenea, Zeus y Hermes. Poco pensamos en Hefesto, el único con deformidad física, el único dios que trabaja. Hefesto es un *hijo de su madre*, como se acostumbra decir, hay una ausencia del principio del padre, que psicológicamente representa la tradición, los valores socialmente aceptados.

El patrón de conciencia de Hefesto es aquel que no se inscribe en el orden socialmente aceptado, en los valores colectivos y en la tradición. Estos tienen un aspecto doble: desde un punto de vista son formativos, psicopedagógicos; por otro, pueden ser represivos y productores de neurosis. Una relación defectuosa con el arquetipo del padre o Zeus puede llevar en la adolescencia a conductas marginalizantes,

* Artículo publicado anteriormente, con pequeñas modificaciones, en *Mitos y arquetipos del hombre contemporáneo.*

sociopáticas, delincuenciales. Según el mito, Hefesto pasa la mayor parte de su tiempo debajo del Monte del volcán Etna, en sus forjas, en su constante trabajo artesanal. Estar debajo de la tierra en las forjas puede, en algunos casos, dejar de ser un proceso creativo para ser antes una fuga de las interacciones sociales productivas.

Hefesto representa en realidad, como mencionó M. Stein, un *patrón de introversión* (cf. STEIN, 1980). La libido se vuelca para el inconsciente y puede funcionar de forma creativa, transformando la personalidad, o de forma patológica, como defensa esquizoide. Las forjas subterráneas hablan de emoción contenida, de difícil expresión.

Hera hace nacer a Hefesto a partir de una competencia con Zeus, pues este hizo nacer a Atenea de su cabeza, partenogenéticamente, y Hera quiere hacer lo mismo. Hefesto no es el producto de la relación amorosa, sino de la competencia airada de los padres. Hera actúa como la madre narcisista que rechaza; Hefesto surge en esta interacción neurótica. Según Slater, Hefesto no reacciona con el matricidio, como Orestes, o con el distanciamiento, como Apolo, o con la violación, como Zeus, sino más bien con una especie de *auto-castración*; no en el sentido concreto del término, sino que su deformidad se refiere a estar castrado en las relaciones y en la agresividad (cf. SLATER, 1971b).

En su psicopatología, Hefesto no adapta sus fuegos a lo social, manteniéndose introvertido, debajo de la tierra, fruto de una relación con una madre narcisista y un padre ausente que no le sirve de modelo.

Entre tanto, el episodio en el que *el señor de los nudos* ata a su madre Hera a un trono dorado es bastante diciente. Después de prender a Hera, Hefesto se refugia en su taller; Ares intenta llevarlo de vuelta al Olimpo y es apartado con llamas; solamente Dionisio logra llevarlo en un burro, su animal sagrado, después de embriagarlo con vino. Hefesto suelta a Hera y obtiene a Afrodita como esposa. Prendiendo a Hera, Hefesto se libera a sí mismo del complejo materno negativo; su *ánima* se transfiere de la madre a la esposa con ayuda de Dionisio *lisios* (el libertador).

El hombre identificado con el arquetipo de Hefesto puede ser ayudado en ciertas circunstancias por la perspectiva de Dionisio, más extrovertida.

La depresión de Hefesto viene de su introversión mal resuelta, su libido mantenida en el inconsciente. Los pies torcidos de Hefesto contrastan con los pies rápidos de Ares, el fálico dios de la guerra. *Apédanos* Hefesto (*el frágil*) contrasta con *Artipós* Ares (*el de pies rápidos*) (STEIN, 1980: 76).

Solamente por la creatividad podrá Hefesto elaborar su rabia y su depresión depositadas en las entrañas de la tierra. Esta podrá simbolizar el propio cuerpo de la personalidad regida por Hefesto, que estará sujeta a diversas manifestaciones psicosomáticas por no saber canalizar su libido - sus fuegos.

Debemos recordar siempre que el dios de la *téchne* es el único del Olimpo que presenta una deformidad física. Cuando pensamos en los olímpicos, recordamos siempre al bello Apolo o a la pura Atenea, dioses de apariencia perfecta, asociados a la conciencia, civilizadores por excelencia.

Hefesto, el cojo, ya plantea otra cuestión. Es denominado el *odd number*, es decir, *el impar*, debido a su deformidad (BRANDÃO, 1991). Los números pares están asociados a todo lo que es creado; el impar, pertenece al espíritu, al uno. Hefesto es el dios de la iniciación y de lo espiritual. No es un dios de las claridades hiperbóreanas, como Apolo, pero habita, eso sí, las oscuridades bajo el Monte Etna, donde están sus forjas y sus fuegos. Simboliza, por lo tanto, un principio creativo del inconsciente, una luz nocturna, la *lumen naturae*, como más tarde dirían los alquimistas. Sus fuegos son, pues, diferentes de los fuegos de Apolo, o incluso del fuego de Prometeo, que representa la propia luz de la conciencia, o, como diríamos psicológicamente, el ego.

Los fuegos de Hefesto simbolizan una nueva conciencia que brota del inconsciente, centellas y chispas intuitivas que nortean al ego consciente en nuevas direcciones, revitalizándolo, removiéndolo de su omnipotencia.

En el dominio de la luz hefestiana están los sueños, las fantasías y devaneos, que, cuando son correctamente percibidos e integrados, alterarán la unilateralidad de la actitud consciente. De ahí que Hefesto es el señor de la *téchne*. Aristóteles definió la *téchne,* como: *actuar como la naturaleza actúa.* Es, por lo tanto, un proceso mimético de la naturaleza, que es elevada, entre tanto, a la categoría de símbolo;

es la característica simbólica del ser humano consciente, lo que llevó a Cassirer a definirlo como *homus simbolicus*.

El carácter sin-padre de Hefesto lo pone, como ya mencionamos, en una condición de marginalización en el Olimpo, regido por Zeus, el padre de dioses y de hombres. Sin embargo, esta condición periférica, aunque inicialmente neurótica, puede llevar a procesos creativos y de desarrollo de la conciencia, ya que la tradición y la cultura, cuyo portador es el padre, tienen aspectos ambiguos, siendo tanto de estructuración como de represión.

El ciclo mítico de Hefesto nos relata que el dios, al caer del Olimpo, rechazado por sus padres por su fealdad, de acuerdo con una variante, cae en el océano, donde es recogido por las ninfas *Tetis* y *Eurínome*. En el fondo del mar, pasa nueve años, siendo educado por las ninfas en un lugar cálido y protegido, llamado *Múkos*, que en griego quiere decir: *lugar sagrado, más íntimo, el lugar de las mujeres en la casa* (STEIN, 1980: 73). En este lugar femenino, el dios aprenderá las artes de la orfebrería más sutil, así como el arte mágico de herrero.

Encontramos aquí a Hefesto en su lugar predilecto, lejos de las alturas del Olimpo dominadas por el masculino, cercado por las intimidades del arquetipo de la Gran Madre, el océano, las ninfas, donde se da el ciclo mágico iniciático regido por el número nueve, símbolo de completud de la creación en la mitología griega (recordamos la importancia simbólica de las nueve musas).

La verdad, la creatividad aquí tiene un papel nuclear en el Mito de Hefesto, pues demuestra los aspectos positivos del arquetipo de la Gran Madre; en sus dominios, donde aparecen las aguas del océano, las ninfas, el lugar femenino oculto debajo de las aguas, es donde Hefesto tendrá su iniciación.

Por la creatividad, la personalidad hefestiana elaborará su libido introvertida, no adaptada al patrón cultural vigente, determinado por el arquetipo del padre (Zeus). Esta situación iniciática es arquetípica, y ocurre frecuentemente en análisis, de ahí que el analista junguiano busque propiciar técnicas – *téchne* - o *artes expresivas* para sus pacientes. Los abordajes interpretativos pertenecen al dominio del *logos*, de la palabra, o del padre; las artes expresivas son de la esfera de la madre, del juego y del niño. Y en este contexto simbólico se sitúa Hefesto, el *niño polimorfo - creativo.*

Tal vez Freud buscara a este niño al hablar del *niño polimorfo-perverso,* personificación de la búsqueda incesante de la gratificación libidinal. Jung, por el contrario, busca en el niño un arquetipo más, *el arquetipo del niño,* la futuridad *per se,* el tornarse permanente, uno de los más importantes símbolos del sí-mismo, la creatividad personificada por Hefesto[79].

Hefesto aparecerá en el episodio mítico en el que Prometeo es atado al acantilado por un castigo de Zeus por haber robado el fuego divino. En *Prometeo encadenado,* de Esquilo, percibimos la nítida contraposición de Prometeo, el portador del fuego de la / para la conciencia egoica y Hefesto, que es *puro*

---

[79] Para el concepto de niño polimorfo-creativo, ver Hillman, 1975b.

como el propio fuego, como comenta Kerenyi. El dios de los nudos ata ahora al héroe que se opone al orden cósmico, por promover la conciencia humana representada por el fuego.

Esta fijación punitiva del principio de la conciencia en el acantilado (por orden de Zeus), ¿no parece paradójica para Hefesto, siendo él el señor de la *téchne*, y también el único dios que trabaja? La libido psíquica, aquí simbolizada por el fuego, debe permanecer en el inconsciente, en los dominios de los dioses, y no al servicio del ego. Tal parece ser la culpa de Prometeo.

La verdad, Hefesto es el señor de las forjas y de los fuegos del inconsciente; su laboriosidad es la de la imaginación y de la fantasía, y no la de la fuerza repetitiva y compulsiva de la tradición consciente.

Hefesto representa la transición de la naturaleza y de la cultura por la actividad simbólica. Esto ocurre cuando elabora el famoso escudo de Aquiles, en el cual está representada toda la belleza del cosmos. Y el más típico ejemplo de su *téchne* es *Pandora*.

Pandora, creada por Hefesto a partir del barro, recibe de él vida por su soplo cálido. Es, la verdad, un artefacto, una imitación de mujer, pero tan perfecta que puede ser considerada una representación del propio principio femenino. Sus epítetos muestran estas cualidades; es llamada *Anisodora*, la rica en regalos, un atributo de la propia Gran Madre Tierra.

Como creación hefestiana, *Pandora* personifica la transición entre naturaleza y cultura que el acto simbólico representa. Los opuestos de la esencia humana, naturaleza y cultura, son así elaborados en un *sintema*, que no es una síntesis, en el sentido hegeliano, pues no postula una nueva tesis, en la cadena interminable e insoluble de opuestos que exigen continuamente un tercero. Este tercero aquí producido dice más respecto a la llamada *función trascendente*, actividad simbólica del arquetipo central del sí-mismo a través de la creatividad del principio arquetípico personificado por Hefesto.

9. Mito y filosofía

Los mitos en El banquete de Platón[*]

Merece atención en El banquete la estructura atemporal de las distintas intervenciones sobre el amor. Platón tiene la habilidad incomparable de poner su pensamiento en la boca de varios personajes, históricos o no, siempre sirviendo a los propósitos de su dialetiké, en movimiento ascensional, en busca de la sabiduría.

Poner el pensamiento en la boca de varios da al diálogo platónico el perfil de un embate de ideas, de una verdadera justa filosófica. Este intercambio de ideas y de opiniones deberá conducir a una percepción más profunda de la verdad.

En El banquete, como es impropiamente llamado este diálogo de Platón, en los países de tradición latina, los diversos personajes debaten sobre la naturaleza de Eros en la casa de Agatón, famoso dramaturgo que ganó un concurso literario.

---

[*] Publicado anteriormente en *Mitos y arquetipos del hombre contemporáneo.*

Decimos impropiamente llamado El banquete, pues lo que ocurre en la casa de Agatón no fue la verdad un banquete, como podríamos imaginar, sino una reunión para debatir temas filosóficos y beber vino, un symposium. Los sajones son más fieles a lo que quiso decir Platón, nominando su diálogo Symposium, pues en la lengua inglesa y alemana la palabra fue mantenida, significando el simposio. La verdad, en griego, banquete propiamente dicho se dice Deípnon...80

La estructura de diálogo hace justicia a las múltiples caras de temas tan centrales y trascendentes como la muerte, las leyes, y, en este caso, el amor. Permite un ir y venir de las ideas, que, lejos de ser una ambigüedad, es más una postura filosófica y psicológicamente rigurosa del abordaje de los símbolos multívocos del ser.

Además de las múltiples intervenciones, El banquete se desenvuelve en intervalos de tiempo separados y discontinuos. El diálogo es presentado como un relato que Apolodoro hace a un compañero, relato este que ya había sido contado a otra persona, Glauco, por solicitud de éste, mucho tiempo antes81.

Lo que Apolodoro relata no fue por él presenciado, pero sí por Aristodemo, que hacía ya mucho tiempo le contara lo que pasó en la reunión en la casa de Agatón. El propio Sócrates, al pronunciarse sobre Eros, provoca el retroceso temporal-mítico definitivo,

---

80 El concepto de Banquete como *deípnon*: Prof. Junito de Sousa Brandão, comunicación personal.

81 Sobre los intervalos temporales en *El banquete,* Peçanha, 1987, p. 89.

al relatar lo que le dijera, ya hacía un largo tiempo, Diotima, sacerdotisa de la Mantinea. Es como si esta última participara, de forma indirecta, pero definitiva, de los debates filosóficos de El banquete.

La sabiduría socrático-platónica sobre Eros aparece así en diversas intervenciones, intercaladas con lagunas y espacios temporales y míticos. Como se refiere J. A. Peçanha, tenemos aquí a Platón en su auge como dramaturgo-filósofo (PEÇANHA, 1987: 79, 80 y 90).

Imaginando los diversos personajes del debate reclinados de dos en dos en los pequeños sofás típicos de la época y filosofando sobre el origen de Eros, éste visto sobre los más diversos ángulos, podemos imaginar estas reflexiones como siendo muy cercanas de aquello que Jung denominó el circumambulatio, el andar en torno a un símbolo, en este caso, Eros.

Cada personaje da su percepción de este contenido simbólico arquetípico, terminando por Sócrates-Diotima. ¿Por qué Platón reserva a la figura femenina la palabra final sobre Eros? Debemos recordar que incluso Zeus, el padre de dioses y de hombres, obedece, en última instancia, a la Moira, al arquetipo de la Gran Madre como destino final de todos los seres.

El banquete relatado por Apolodoro, basado en el relato de Aristodemo, sucedió el día siguiente de la victoria de Agatón en el concurso literario. Sócrates se dirigió a la casa de Agatón acompañado por Aristodemo "bañado y calzado con sandalias". J.A.

Peçanha interpreta este pasaje como símbolo de purificación, tal vez porque Sócrates anunciaría el ascetismo apolíneo, una superación de lo sensorio "calzado de sandalias [comportamiento poco habitual en Sócrates], sus pies ya no tocan la tierra" (PEÇANHA, 1987:90).

El médico Erixímaco asume la función de simposiarca, aquel que cuida del vino. Propone que no se beba tanto cuanto en la víspera y que se despida a la flautista. En vez de la embriaguez tendremos moderación; en vez de la música, el canto de los discursos; en vez de Dionisio, ahora predomina Apolo.

Fedro presenta el primer discurso, abordando a Eros en su calidad de Protógenes, es decir, el primer nacido. Eros es así colocado en un contexto cosmogónico como en Hesíodo y en las cosmogonías órficas. Se presenta así como un gran dios, que surge del Caos primordial o del huevo plateado de Nix, pájaro negro de la noche, como quieren los órficos. Alceste, que murió por su esposo Admeto y fue traída por Heracles de regreso del Hades, y Aquiles que murió por Patroclo, son citados como ejemplo de honor en vida traído por el amor, pues también morir por otro, sólo lo consienten los que aman. Para Fedro, por lo tanto, Eros es el dios más antiguo, el más honrado y el más poderoso para la adquisición de la virtud.

Eros Protógenes está asociado en estas cosmogonías al mitologema de los padres del mundo, Urano y Gaia, la pareja primordial. Como idea arquetípica, la pareja primordial aparece en las más diversas mitologías, como la mitología Nagó, por ejemplo. En esta última, aparece la idea del universo como una calabaza, la parte de encima es el padre-cielo, la parte de abajo, la madre tierra. En el Egipto faraónico, los padres del mundo son Nut, la madre-cielo, y Geb, el padre-tierra. Nun, la atmósfera, los separará, dando origen a la creación.

Freud, al formular el concepto de escena primaria, a la cual inicialmente vio de forma concreta y posteriormente percibió como fantasía, una proto-fantasía, se confrontó también con el mitologema de los padres del mundo, una idea arquetípica[82].

Nun, la atmósfera, o Cronos, que castra a Urano, son elementos de la frustración primordial asociada al origen de la conciencia. Eros, elemento de fusión, es también llamado Phanes, lo que brilla, asociándose a la conciencia. Frustración y fusión, opuestos dialécticos, están presentes en el juego cósmico de los mitos de los inicios, que simbolizan, psicológicamente, el origen de la conciencia.

La ecuación de Fedro, Eros como el más antiguo es también el más importante, es psicológicamente válida, pero abarca apenas un diminuto aspecto del amor como símbolo psicológico.

Al discurso de Fedro, y después de aquellos de los cuales Aristodemo no recordaba más – interrupción temporal -, sigue la intervención de Pausanias. A las constantes fracturas en el tiempo, a la cuales ya me referí, pueden también ser asociadas las sesiones de

---

[82] Ver las reflexiones sobre los padres primordiales como idéia arquetípica y también como proto-fantasía en Freud en el cap. 2 : "Cosmogonía y antropogonía – Los orígenes".

análisis. En cada sesión una conversación termina, pero el discurso alrededor del arquetipo central de la individuación no cesa, y es retomado más adelante en una sesión siguiente.

Estos discursos o historias son muy cercanos a la cuestión simbólica de Las mil y una noches. Si Sherezada no cuenta una nueva historia, el sultán Shahriar la matará, como lo hizo con sus esposas anteriores. Aquí también el circumambulatio tiene lugar, el ánima trae vida al ego desvitalizado de imágenes arquetípicas. Por eso las historias de Sherezada no tienen un fin en la misma noche; el final se deja para la noche siguiente, cuando la historia desemboca en otra, y así sucesivamente.

Pausanias introduce la famosa división entre el Eros uranio y el pandemo, el primero asociado a Afrodita hija de Urano, la celestial, el último asociado a Afrodita hija de Zeus y Dione. Se introduce aquí un criterio valorativo sobre el amor. Ahora es posible decir: "el amar y el amor no es todo bello y digno de alabanza, sino sólo lo que lleva a amar bellamente."

El siguiente en hablar sería Aristófanes, pero, atacado por una crisis de hipo, cede su discurso a Erixímaco, que cerca a él se reclinaba. Este, al contrario de Pausanias, asocia a Eros no con Afrodita, sino a la musa Polimnia, musa de la poesía lírica, la poesía de los sentimientos y de las pasiones, y a la musa Urania, la celestial.

El énfasis en las Musas es significativo, pues psicológicamente representan el ánima, la función imagética del inconsciente portadora de inspiración.

Mitológicamente, las nueve musas son hijas de Zeus y Mnemósine, la diosa Memoria.

Los griegos elevaron a la memoria a la categoría de una diosa de la mayor importancia, asociada a la creatividad – musas - y portadora de renovación psicológica. El recordar es fundamental en cualquier proceso terapéutico.

Este recordar no es un mero acordarse como en la anamnesis médica clásica, sino, como quiere Hillman, un movimiento de Epistrophé, es decir, un retorno a los orígenes, al mundo de las ideas, o de las imágenes arquetípicas, favoreciendo una conexión del ego con los arquetipos y el proceso de individuación83
.

No es por casualidad que Hesíodo rinde su culto a las musas del Monte Helicón, antes de iniciar su canto cosmológico sobre los orígenes: origen significa memoria, y sólo las musas pueden inspirar al poeta y su memoria; o incluso al individuo con sus orígenes arquetípicos.

Eriximaco habla también de Eros como un principio general de armonía en el universo, relativo a las estaciones, a las plantas, la tierra. Tomando la perspectiva de Empédocles, habla de su arte, su

---

83 Ver el comentario al concepto de *epistrophé* en análisis en el cap. 2: "Cosmogonía y antropogonía – Los orígenes". La relación de *epistrophé* con el hecho de recordar en análisis es realizada por Hillman, 1975b.

téchne, la medicina, en términos de opuestos, Philia y Neikos, Amor y Odio.

El principio de los opuestos rige no sólo a la medicina, sino la gimnasia, la agricultura, la música, "pues también la música, en lo referente a la armonía y al ritmo, es la ciencia de los fenómenos amorosos". Erixímaco realiza una exaltación a la armoniosa convivencia de los opuestos, para que la salud sea preservada, el equilibrio sea mantenido. Entre todos los discursos es el más apolíneo y medido, hecho por el simposiarca – aquel que mide el vino; además, un discípulo del dios médico Esculapio, que a su vez es hijo mítico del propio Apolo.

La problemática de los opuestos es un tema central en la psicología analítica. Todo arquetipo trae en sí el problema de la dialéctica entre los opuestos; el propio sí-mismo es llamado por Jung Complexio oppositorum84 . Incluso el arquetipo de la sombra presenta aspectos positivos y deseables para la conciencia, las semillas de un nuevo desarrollo aún no integrado por la conciencia.

Todo el constructo junguiano se basa en la tensión de opuestos, desde el punto de vista energético. Sin esta polaridad no hay vida psíquica, sólo el océano de la pre-conciencia, al cual los orientales llaman Nirvandva, que quiere decir: libre de opuestos.

La visión de Erixímaco, que habla de un amor sano (philia) y otro mórbido (neikos), según los preceptos de la medicina de Empédocles, se aproxima más a

---

84 *Complexio oppositorum*: literalmente, *complejo de opuestos*.
Expresión con la cual el teólogo medieval Nicolás de Cusa cualificaba la propia divinidad.

una noción freudiana de pulsión de vida y de muerte. Por otro lado la noción de la psicología analítica es estrictamente monista en cuanto a la libido, energía psíquica o Eros.

Aristófanes toma la palabra a seguir iniciando su discurso, y así dice: "La verdad, Erixímaco, es de otro modo que tengo intención de hablar, diferente del tuyo y de Pausanias... [El amor]. Intentaré yo, por lo tanto, iniciaros en su poder, y vosotros lo enseñaréis a los otros" 85.

El inicio del discurso de Aristófanes es propio del discurso de los misterios, él dice de una iniciación y no de una mera comunicación verbal, acerca de Eros. Esa es la tónica del discurso de Aristófanes, el intento de penetrar en la esencia última del objeto del discurso, y no sólo explicarlo. Y él, como portavoz de Platón, el incesante dramaturgo, intentará hacerlo a través del lenguaje mítico.

Aristófanes-Platón habla de seres fantásticos que precedieron la humanidad actual. Serían, en aquellos lejanos tiempos, tres tipos de humanidad: el masculino, el femenino y el andrógino. El primero era constituido por dos partes masculinas, el segundo por dos partes femeninas, el tercero, por una parte femenina y otra masculina.

---

85 Textos de *El Banquete*, todos extraídos de la serie Los Pensadores, traducción del griego del Prof. José Cavalcante de Sousa, S. Paulo: Nova Cultural, 1987.

Enteriza era la forma de cada uno de estos seres, redondos, de gran movilidad y gran poder. Muy pronto, llenos de presunción, desafiaron a los dioses, y Zeus, para castigar su Hýbris, mandó a Apolo a cortarlos en dos partes. Desde entonces, cada mitad busca, por el amor, encontrar la otra que le falta.

Aristófanes hace además una exaltación a la moderación y humildad de los hombres, pues, en el caso contrario, podrán sufrir un nuevo castigo, siendo nuevamente cortados por el medio, quedando como imágenes de perfil como las encontradas en estelas funerarias, petrificadas, muertas, incapaces de comunicación.

Percibimos, por primera vez en este diálogo, un mito no canónico, una mitopoiesis platónica stricto sensu. Y es un lenguaje de iniciación en esencias profundas, como si el filósofo percibiera que sólo el cogito o la razón discursiva son insuficientes para expresar experiencias nucleares del ser.

Jung también hizo del mito un instrumento central de conocimiento, desde temprano, cuando percibió gran cantidad de material mitológico emergiendo de sus pacientes psicóticos. Con el constructo teórico del inconsciente colectivo y sus arquetipos, buscó ver en los mitos portavoces esenciales de las imágenes arquetípicas.

El propio instrumental terapéutico junguiano trae el colorido mitológico del método de la amplificación, método original del empleo de mitos y símbolos culturales para intentar sacar al paciente del aislamiento que se encuentra en su neurosis86.

El mito del andrógino es, junto con el de la caverna, el relato mitológico más famoso y comentado de Platón. El filósofo no busca explicarlo; por la boca de Aristófanes la historia es sólo narrada, sin preocupación de prestarle logicidad. El mito, ocurriendo como debe ser, in illo tempore87, sólo busca justificar la pregnancia de Eros en las relaciones humanas. El andrógino, como figura original mitológica, de una humanidad anterior, representa también la totalidad del ser, y es un símbolo del arquetipo del sí-mismo.

Hay una estrecha relación psicológica entre la imagen del andrógino como sí-mismo y los arquetipos del Anima y del Animus. Estos, para Jung, polarizan con la Persona. Así, un hombre con su persona masculina, tendrá el inconsciente de tonalidad femenina, el ánima. Desde que no sea continuamente proyectada o posea el ego, el Anima se convierte en un emisario del proceso de individuación para el hombre, teniendo una función de psicopompo, uniendo el ego al sí-mismo. Lo mismo ocurre con el Animus en la mujer. La integración de los opuestos sexuales (el andrógino) es, por lo tanto, un símbolo del proceso de individuación.

El discurso de Agatón que sigue muestra la admirable habilidad de Platón en lidiar con los opuestos en el

---

86 Sobre el método de amplificación en sociedades tribales (chamanismo) y en la psicología junguiana, ver cap. 1.

87 *In illo tempore*- Expresión consagrada por Mircea Eliade para expresar el hecho de que la acción mitológica se dá en tiempos originales, en un pasado remotísimo (cosmogónico, o de creación demiúrgica), volviéndose así *ejemplar* para toda la sociedad. El libro del Genesis es un ejemplo de acción mitológica *in illo tempore*.

propio ritmo de la narrativa. El discurso de Erixímaco, extremamente contenido y lógico, prepara el advenimiento de la comunicación iniciática de Aristófanes; tendremos ahora un breve intervalo de superficialidades en torno del amor antes de las profundas reflexiones de Sócrates-Diotima.

El discurso de Agatón es sólo literario; Eros es descrito en su apariencia joven, frágil y fugaz de una estatuilla de un Cupido romano. Eros no es el primer nacido, no es principio cosmogónico ni fuerza universal de atracción.

Al contrario, es el dios más joven, el más bello y el más feliz, buscando siempre también la compañía de los jóvenes, huyendo siempre de la vejez. Es de tez bella, es delicado y húmedo, pues a todo se adapta. Como sintetiza Agatón: "[...] en lo feo no se afirma amor".

Al final, llega el turno de Sócrates, que pide inicialmente permiso para hablar a su manera, el diálogo. Pasa entonces a avergonzar a Agatón con sus preguntas, llevándolo a concluir que Eros no puede, por definición, ser el más grande y más bello de los dioses. Si el amor es siempre amor de algo, es amor de lo que no se tiene; si ama lo bello y lo bueno es porque es carente de lo que es bello y bueno. Para demostrar sus argumentos, cita lo que aprendiera de la sacerdotisa Diotima, de la Mantinea.

Así, por la boca de Sócrates, un nuevo personaje acaba participando del simposio, de forma indirecta, pero definitiva. Son las artes del dramaturgo Platón.

Diotima es conocida sólo a través de este diálogo y muchos investigadores la consideran un producto ficticio. Pero, incluso en este caso, nos estamos moviendo en el curioso territorio entre ficción y realidad histórica que revisten los personajes de Platón.

Esto se debe a que otros ven a Diotima como una de las sacerdotisas de Apolo, intermediarias entre dioses y hombres, y que inspiraban la sabiduría divina. Esta sería una función común a las mujeres de las grandes familias de la Mantinea. Diotima es, como el propio Sócrates, una legítima representante del daimon, la guía de cada uno.

De ella sabemos, por el simposio, que, además de iniciar a Sócrates, habría también sido llamada por los atenienses para conjurar la peste y purificar la ciudad. Estaba así al servicio del dios Apolo Pitio, el purificador. En su misión religiosa, amor y purificación estaban íntimamente asociados (PEÇANHA, 1987:96).

Diotima enseña que Eros "es un gran daimon", no un dios. Intermediario entre dioses y hombres, inspira y nos pone en contacto con lo divino, superando la dicotomía entre el mundo de las apariencias y el mundo de las ideas.

Platón hace nuevamente uso del mito para expresar la naturaleza misteriosa de Eros. Esto no es un mito tradicional, sino un mito platónico, en sentido estricto.

Quando ocurrió el nacimiento de Afrodita, se banqueteaban los dioses, y presente estaba el hijo de

Prudencia, Recurso (Poros). Embriagado de néctar, se acuesta en el jardín, y Pobreza (Penia), tramando tener de él un hijo, se acuesta a su lado y nace entonces Eros. El hecho se dio por el natalicio de Afrodita, de ahí la estrecha relación entre Eros y esta diosa.

Cuando se dice que Eros es hijo de Pobreza y Recurso en esta genealogía platónico-socrática, su carácter de intermediario es reforzado: de la madre heredó el hambre, la carencia permanente; del padre las estrategias incesantes que usa para suplir sus necesidades.

Eros cocrea en metaxis88, dirá Hillman. Filósofo, Eros existe entre la ignorancia y la sabiduría: es el permanente intento de pasaje de una a otra. Y lo que ocasiona es siempre un parto de belleza, tanto en el cuerpo como en el alma.

La figura de daimon de Eros evoca en el constructo junguiano el papel que el eje ego – sí-mismo desempeña en el proceso de individuación. Sabemos que el complejo egoico se estructura a partir de una diferenciación del arquetipo central; al contrario del psicoanálisis, el ego, en la psicología analítica, es antes un producto del inconsciente colectivo. La generación del ego como centro de la conciencia se procesa por la activación del arquetipo de héroe, éste

---

88 El término *Metaxis,* aunque de uso universal, fue consagrado en la cultura brasileña por Augusto Boal, refiriéndose a su *Teatro del oprimido.* Estar en *metaxis* para Boal es cuando la obra teatral se sitúa entre el arte y la vida cotidiana, apuntando soluciones para esta última. En el caso de Hillman el empleo de la expresión quiere enfatizar el aspecto mediador y psicopompo de Eros, como legítimo *daimon* que es.

también un legítimo daimon, en las diversas vivencias transicionales (Winnicott).

En la dinámica arquetípica de la individuación, Eros y héroe, ambos representan, como cocreadores en metaxis, la libido que fluye en el eje ego – sí-mismo, estructurando la conciencia. Platón recuerda también por la boca de Sócrates, que "todo héroe es nacido del amor de un dios por una mortal o de un mortal por una diosa [...] a la luz de la antigua lengua ática ese nombre (Héroe) es derivado de amor (Eros), a los cuales los héroes debieron su nacimiento" (apud PEÇANHA, 1987: 86).

Después el discurso de Sócrates-Diotima, una violenta enantiodromía se toma el Simposio. Después de la subida hacia el reino sublime del mundo de las ideas, por la sumisión de los impulsos de Eros a Apolo, a través de los discursos y de la dialéctica, la irrupción de Alcibíades en el recinto trae la pasión desmesurada dionisiaca. Él llega de forma teatral, considerado como el más bello griego de su tiempo.

Alcibíades, sin contenerse, nada esconde, y relata sus inútiles intentos para seducir a Sócrates, que a él siempre escapa, evasivo. Alcibíades, en realidad, representa el Eros en su inmediatez, sometido a la urgencia del aquí-y-ahora. No logra percibir el sentido del aplazamiento y del ascetismo, no puede ver en el amor un aprendizaje, y en la conversión socrático-platónica del erotismo en Philia, y ésta culminando en filosofía.

El amar y el conocer están aquí bastante entrelazados, un Complexio oppositorum, un tierno

181

abrazo entre Dionisio y Apolo. En este final sorprendente del Simposio está la esencia del fenómeno que fue modernamente llamado transferencia, en análisis.

Sócrates, filósofo que se conoce a sí mismo, en su profunda humildad, es el modelo para el analista del inconsciente contemporáneo que debería convertirse en el setting terapéutico en la encarnación del propio Eros transferencial. Este último puede ser percibido simbólicamente, interpretado, pero nunca concretizado. Alcibíades proyecta lo que tiene en sí mismo, ama de forma desmesurada una imagen de su propio arquetipo del sí-mismo, que aún no aprendió a reconocer.

Sócrates, como mencionó Platón, el más feo de los hombres, es paradójicamente la personificación de lo Bello-en-sí, pues a través de la transferencia amorosa de sus discípulos el arquetipo del sí-mismo puede ser vislumbrado.

10. Mito y transformación:

Afrodita, la diosa del amor[*]

Hesíodo relata en su Teogonía el misterioso nacimiento de Afrodita, la llamada Anadiómena, aquella que surge (de las olas del mar). Después de la castración de Urano por su hijo Cronos, los genitales del dios-cielo caen en el mar, y de las olas y esperma se forma una espuma -en griego, afros- de la cual nace la diosa del amor.

Afrodita tiene, por lo tanto, un nacimiento arcaico, en un tiempo mítico anterior al nacimiento del propio Zeus y los demás dioses olímpicos, aún en el ciclo de los titanes, bajo el dominio de Cronos. Psicológicamente hablando, todo mito de nacimiento habla del origen de la conciencia; si el mito es atemporal, en el sentido cronológico, él posee un tiempo simbólico; la antigüedad de Afrodita habla sobre su importancia en el origen de la conciencia y su enraizamiento en las emociones más profundas e irracionales del ser.

---

[*] Publicado anteriormente en *Mitos y arquetipos del hombre contemporáneo*. El presente texto tiene pequeñas modificaciones.

Su estado naciente, surgiendo de las espumas del mar, inspiró a Apeles, gran pintor griego del siglo IV a.C. y mucho más tarde a Botticelli, en su famoso cuadro El nacimiento de Venus. La belleza incomparable de Afrodita en este estado de suspensión habla del amor que se asoma a la conciencia y de sus posibilidades transformadoras, tan bien elaboradas por Platón en su El Banquete.

Sin embargo, en este estado, podemos percibir a Afrodita peligrosamente cercana del océano, símbolo del inconsciente colectivo descrito por Jung, el medio acuoso sin fronteras delimitadas, sede de pasiones de todo tipo, que pueden, en ciertas circunstancias, aparecer en la conciencia de forma destructiva.

Afrodita Anadiómena está, por lo tanto, entre el océano y el cielo. En su nacimiento trae la idea de los pares amorosos, el matrimonio del cielo y la tierra, de los dioses primordiales Gaia y Urano.

En el dominio de la biología celular, la reproducción no se da por pares, sino por división celular, es una esfera fuera del dominio de la diosa del amor. Pero Afrodita es la diosa de la atracción entre los polos opuestos, el cielo y la tierra, el cuerpo y el espíritu, la civilización y la naturaleza, el hombre y la mujer. No es por casualidad que los momentos preferidos de la diosa son el nacer y el poner del sol, momentos del encuentro amoroso del cielo y de la tierra.

Afrodita revitaliza los opuestos, favorece la atracción del hombre y de la mujer y su unión, sexual y espiritual, favorece la unión de los opuestos psicológicos, consciencia e inconsciente en una síntesis amorosa que Jung llamó el proceso de individuación.

El nacimiento de Afrodita a partir de la castración de Urano, el padre-cielo, y de la espuma del mar, revela su conexión con el océano del cuerpo, la sexualidad con sus ritmos y mareas, el rocío que humedece las uniones amorosas, y al mismo tiempo su conexión con el espíritu celestial.

La verdad, la Afrodita pandemos y la Afrodita urania debatidas en El banquete de Platón forman un todo indivisible. Afrodita tiene el poder de transmutar el placer sexual en éxtasis espiritual. El don de la belleza de Afrodita ultrapasa el encanto por las formas del compañero amoroso, es la belleza trascendental del Kallon kai Agathon (lo Bello y el Bien) de la elaboración filosófica de Platón.

Afrodita representa, la verdad, el poder civilizador por lo Bello, tan cultivado por los griegos. Es difícil para una mentalidad judeo-cristiana entender esta conceptualización, pues nuestra tradición reza que la gratificación sexual es una necesidad instintiva, de la contraparte animal del ser humano, y después de dos mil años de cristianismo es la tendencia natural del hombre de la modernidad la búsqueda de la verdad a toda costa, aunque disociada de la belleza.

Considero el simbolismo del cultivo de los jardines una de las imágenes más convincentes de la expresión mágica de Afrodita como imagen arquetípica del poder organizador de lo Bello, tanto en la conciencia individual como en la colectiva.

Las flores están presentes, en el mito de Afrodita, con mucha frecuencia. La diosa aparece en algunas representaciones coronada con flores por Talía; entre las tres gracias, la responsable por la floración. Pétalos de rosa son también arrojados por Talía bajo sus pies.

Es importante resaltar que Afrodita es, además de la diosa del amor, la diosa de las flores. La flor sintetiza de forma admirable el misterio de Afrodita; las flores son el más bello órgano sexual del universo. Son muchas las imágenes floridas representativas de la belleza sexual femenina, entre ellas la rosa roja, colorida y perfumada, pero con espinas que pueden lastimar como hacen sufrir las pasiones del amor.

Estar interesado con las flores y organizar jardines es una forma de culto a Afrodita. Los europeos, apreciando mucho los pocos espacios de naturaleza en sus espacios densamente construidos, elaboran cariñosamente sus jardines, intersección entre naturaleza y civilización, respiradero natural de lo bello en sus ciudades. Afrodita reina en este espacio sagrado de conjunción entre civilización y naturaleza.

Entre nosotros, los brasileños, vive uno de los más grandes genios mundiales del paisajismo, Roberto Burle Marx - el más grande, según la crítica europea. Por todo el mundo sus jardines cumplen la función arquetípica de mediar el encuentro de la ciudad y de la naturaleza. Lélia Coelho Frota describe la magnífica creatividad de uno de los más grandes artistas brasileños, en pleno proceso creativo a los 83 años, en su ensayo Roberto Burle-Marx, compañero de la naturaleza, el cual presentó en exposición en Minas Gerais y en Rio de Janeiro.

Recorriendo las páginas de Lélia, percibimos la grandeza de Burle Marx, el último vestigio de la generación de los grandes artistas del movimiento modernista, Tarsila, Di Cavalcanti, Villa-Lobos. Los italianos supieron valorizar bien sus jardines: están publicando ahora un grueso libro sobre Burle-Marx, El jardín del siglo XX. Es decir, lo consideran el más importante en nuestro siglo.

El matrimonio de Afrodita y Hefesto trae en sí una paradoja y un misterio. ¿Cómo puede la más bella de las diosas unirse con el dios cojo? Una interpretación literal psicológica muestra un modelo de matrimonio tan común, la relación complementaria, tan paralizante como insatisfactoria desde el punto de vista del desarrollo de cada uno.

Por otro lado, la compensación es necesaria porque encierra en sí el constante desafío de la belleza interior, lo Bello-en-sí, que Hefesto manifiesta en su trabajo de divino artesano, el señor de la más bella orfebrería. La dorada Afrodita tenía que rodearse, naturalmente, del señor del oro y de las joyas, símbolos de la perfecta belleza. El matrimonio es, así, un antídoto contra la identificación de lo bello aparente, tan común en nuestra cultura actual. Cuanto más caemos en esta identificación, más perdemos contacto con la diosa.

Históricamente, la mujer griega fue reprimida dentro de una estructura de sociedad del patrismo. Además de la esposa oficial, el ciudadano ateniense podía poseer la esclava del gineceo, la Palaké, tener contactos con amantes de origen inferior, la prostituta pagada, la Pórne, y tener además una amante de patrón más elevado, del punto de vista social o cultural, la Hetera (BRANDAO, 1989). Algunas heteras se hicieron famosas, poderosas y ricas, debido a su inteligencia y belleza. Así fue Aspasia, confidente del propio Pericles, que tenía por ella especial afecto y cariño, demostrando esto públicamente en diversas ocasiones.

Friné, hetera amante del artista Praxíteles, se hizo famosa por su impresionante belleza, habiendo posado desnuda para que Praxíteles modelara la famosa estatua de Afrodita desnuda del templo de Cnido. Apeles, famoso pintor, hizo de ella un retrato equivalente a nuestra Mona Lisa. Friné llegó a ser tan poderosa que fue ella quien financió la reconstrucción de las murallas de Tebas, después de ser destruidas por Alejandro Magno. En estas murallas fue inscrito: destruido por Alejandro, reconstruido por Friné, hetera[89].

Estas heteras son una demostración del poder de Afrodita, en su aspecto concreto. Pero cuando Friné posó para Praxíteles sin ropa, la diosa fue retratada por primera vez desnuda y esto generó una controversia en el mundo griego: ¿debería Afrodita ser desnudada? (PARIS, 1988:56).

Afrodita siempre fue representada con telas casi transparentes, a través de las cuales se podían adivinar sus bellas formas. Su cuerpo y sexualidad, representando la naturaleza, sus ropas y joyas, la

---

[89] El episodio de la hetera Friné y Praxíteles está narrado en Páris, 1988, p.56-57.

cultura. Una vez más, un equilibrio entre los pares de opuestos.

Entre su indumentaria, los mitos hablan de una franja de tela o de un cinturón del cual emana todo su poder de amor y seducción. Una historia cuenta de una solicitud de Hera para que Afrodita le cediera su cinturón, por el cual encantaba poderosamente a dioses y hombres. Este mito retrata la necesidad de integración de Hera, señora del matrimonio sagrado y del Olimpo, del poder sexual de Afrodita para la perpetuación de su hieros gamos, su matrimonio sagrado con Zeus. Percibimos también que la seducción puede venir del vestirse, más que de desnudarse, pues Hera busca medios seguros de seducir a Zeus.

Como toda imagen arquetípica, Afrodita es paradójica en sus manifestaciones en la conciencia. Las dos versiones de su nacimiento pueden interpretarse psicológicamente dentro de esta paradoja.

Siendo hija de Urano y naciendo de la espuma del mar, simboliza el poder súbito de las pasiones destructivas que aparecen en la conciencia, pasando por encima de cualquier discriminación. La posesión apasionada por Afrodita ocurre en personas con cierta disociación afectiva, que se tornan presa fácil de sus pasiones reprimidas en el inconsciente.

La película Herida, de Louis Malle[89], revela esta emergencia destructiva de Afrodita. Un político inglés extremamente exitoso, con una persona intachable, se

---

[89] La película citada es: *Herida* (*Damned*). Dirección de Louis Malle.

enamora de la novia de su propio hijo. Esta pasión, llevada adelante, tiene un desenlace fatal.

La joven seductora es una mujer-Afrodita que no logra integrar los aspectos creativos de este arquetipo y en vez de eso los actúa de forma irrefrenable. El político es un hombre frío, disociado de su lado emocional. El terrible triángulo amoroso lleva al hijo a la muerte.

Percibimos en el contexto de este drama la relación de Afrodita con la sexualidad y la vida, y también con la muerte. El mito de Adonis es un paralelo perfecto para la película. Afrodita amó profundamente al mortal Adonis; se convirtieron en amantes. Al ir de caza, un jabalí (un símbolo del aspecto sombrío de la propia Afrodita) mató a Adonis. Esta lloró la pérdida del amante, que descendió al reino inferior, quedándose parte del año con Perséfone, parte con Afrodita. El joven Adonis quedó perpetuado bajo la forma de flores, las anémonas. Es curioso que Afrodita tenga como uno de sus símbolos la granada, la misma fruta característica de la diosa de los muertos, demostrándose así una secreta identidad entre la vida, la sexualidad y la muerte; oculto en el aparente dualismo de las pulsiones de vida y de muerte hay un secreto monismo.

Afrodita es, pues, portadora de las grandes transformaciones de la personalidad, una diosa alquímica, como la llamó J.S. Bolen (1991). El proceso de individuación propuesto por Jung es vivido como un constante lidiar con estos opuestos antagónicos. Heráclito, el más enigmático de los pensadores originarios, ya había percibido el aspecto paradójico de este proceso, formulando la idea de que Dionisio y Hades son uno sólo.

Walter Boechat

11. La crisis del hombre moderno y la omnipotencia

Prometeo[*]

En un trabajo de 1945, *Anotaciones sobre eventos contemporáneos*, C.G. Jung comenta sobre el estado original del mundo cuando la naturaleza comenzó a ser perturbada por la ciencia y salió de su estado virginal, oscuro, inicial. Me apropio de algunas de las poéticas palabras de Jung para describir este movimiento de la conciencia discriminatoria a partir de la naturaleza indiferenciada:

> *Hasta algunos siglos atrás aquellas regiones del mundo, que desde entonces han sido iluminadas por la ciencia, estaban sumergidas en la más profunda oscuridad. La*

---

[*] Conferencia de apertura del XI Congreso Internacional de la Asociación Junguiana del Brasil, Mangaratiba, 2003. Publicado anteriormente con el título: *Civilization in Transition*. In: *Psychotherapy and Politics International*, vol. 3, n. 2, London: Whurr, 2005.

naturaleza estaba entonces en su estado original, como estuvo desde tiempos inmemoriales. A pesar de ser desde hace mucho el habitat de dioses, ella no fue, de ninguna manera, despsiquificada. Espíritus aun asustaban las tierras y las aguas y se ocultaban en el aire y en el fuego; la hechicería y profecías lanzaban sus sombras sobre las relaciones humanas y los misterios de la fe ejercían profunda influencia en el mundo natural. En ciertas flores se podían encontrar imágenes de los instrumentos de tortura de los mártires y de la sangre de Cristo; la espiral de izquierda a derecha en la concha del caracol era una prueba de la existencia de Dios.

"Hoy no podemos imaginar ese estado mental de forma alguna, no podemos siquiera suponer lo que es vivir en un mundo que fuera lleno de los misterios de las maravillas de Dios, desde lo más religioso y sublime hasta lo más cotidiano de la forja del herrero y fuera corrupto a partir de abajo por el engaño demoníaco, marcado por el *pecado original y secretamente animado por un demonio autóctono o por una anima mundi - o por esas "centellas del Alma del Mundo", las cuales brotaron como las semillas de la vida cuando el Ruah Elohim flotó sobre la faz de las aguas (JUNG, 1945).*

Es difícil imaginar los grandes cambios psíquicos en la vida mental de la humanidad cuando el mundo natural gradualmente *fue desencantado* o *despsiquificado.* Un asunto poco cuestionado es el siguiente: ¿Qué sucedió con las hadas, ninfas, dioses y mensajeros celestiales cuando abandonamos el estado de encantamiento? Recordamos a Jung, que dice que la crítica al mito no suprime el factor mitologizador en la *psique.* Incluso cuando pensamos que las sirenas son imposibles, las necesitamos; incluso cuando pensamos que el dragón-ballena que se tragó a Jonás sería incapaz de escupirlo vivo después, ese renacimiento a partir del inconsciente es una necesidad psicológica e incluso racionalizado por el iluminismo tomará otras formas después.

El hombre triunfó sólo aparentemente sobre el demonismo de la naturaleza; *la verdad, él engulló a los demonios en sí mismo* y se convirtió en una *marioneta* de los dioses. Esto sucedió porque creyó que había abolido a los demonios sólo por declarar que ellos eran una mera superstición. Después que se hizo imposible para los espíritus de la naturaleza habitar las rocas, los ríos, los bosques y montañas, ellos utilizaron a los seres humanos como lugares de habitación mucho más peligrosos. Los objetos naturales eran mucho menos peligrosos: sólo ocasionalmente una roca caía sobre una morada o un río invadía una casa. Pero un hombre no se da cuenta cuando es gobernado por un demonio; él pone toda su habilidad e intelecto al servicio de su señor inconsciente, elevando de esta forma en mil veces su poder. Esos son los peligros de vivir en un mundo *desencantado*.

Jung sugiere que, cuando la humanidad pasó de la naturaleza animada para la naturaleza inanimada – el llamado *desencantamiento de la naturaleza* -, ese pasaje se dio de forma rígida, sin rito de paso: el animismo fue visto como superstición. El cristianismo substituyó a los dioses antiguos por un Dios único. La propia ciencia, cuando *desencantó* a la naturaleza, la subordinó sólo a la razón científica y no proveyó a la naturaleza otra alma. Si la ciencia considerara el *ánima mundi* digna de una mayor atención, habría sido más cuidadosa en esa transición de desencantamiento del mundo, procesando el pasaje para la era científica a través de un ritual de pasaje, sin perder contacto con los dioses naturales (JUNG, 1945).

El mundo tecnológico disociado es el mundo de las guerras destructivas que tomaron una dimensión nunca vista en el siglo pasado, acompañado de grandes crisis sociales. Estamos en un momento de grandes cambios permeados por grandes crisis. La verdad, estamos viviendo una gran crisis paradigmática. La pérdida de las certezas metafísicas, en palabras de Jung, sumergió a la humanidad en una gran crisis de identidad, de desencuentro consigo misma.

La palabra paradigma, acuñada por Thomas Kuhn, que se ha venido convirtiendo en una especie de lugar-común en el pensamiento contemporáneo, tal vez requiera ser bien comprendida. Viene del griego *para* = más allá de, *deigma* = dirección. Esta traducción de la palabra paradigma nos parece mucho más precisa que las traducciones normalmente dadas de modelo o prototipo, en el sentido platónico, pues, visto de esa manera, el paradigma es algo estático, preso al pasado, mientras que, como manifestación de un valor nuevo, apunta dinámicamente para el futuro, y es en este sentido que los paradigmas funcionan como orientadores del cuerpo del pensar científico.

El cambio de paradigma es más evidente en épocas de crisis, aunque no sean claras las direcciones para donde apunta, tal como la llamada Posmodernidad, que sucediera a la Modernidad. Hay una cierta dificultad en asociar los cambios paradigmáticos a un estatuto específico del *zeitgeist* contemporáneo a la idea una era posmoderna que seguiría a una era moderna.

Si se sabe que la edad moderna comenzó con la toma de Constantinopla por los turcos en el siglo XIV, no debemos olvidar que este inicio no ocurrió en esta fecha específica, sino lentamente, a través de cambios históricos graduales. De la misma forma, se discute también si la edad moderna habrá realmente terminado. Es un hecho que vivimos una grave crisis de los ideales de la Modernidad. En lugar de los valores de la Revolución Francesa de *libertad, igualdad y fraternidad*, tenemos un siglo de dos grandes guerras, con millones de muertos, un número muy superior al de la peste negra en la Europa Medieval. La *globalización*, en vez de promover la fantasía arquetípica de la *inclusión*, ha promovido, en cambio, el beneficio de una pequeña minoría y la exclusión de grandes masas. La actual guerra de Irak sólo reafirma el derecho de los más fuertes sobre los más débiles, y a la *antigua máxima del tribunal del vencedor*: "sólo hay un verdadero crimen de guerra: no vencer al enemigo". Todo este fracaso evidente de los ideales de la Modernidad no muestra claramente una Postmodernidad con nítidos contornos. Lo que tenemos, sin duda, son evidentes cambios globales a nivel sociológico, antropológico y psicológico, cambios paradigmáticos.

Fantasías milenaristas son un paradigma en el imaginario occidental desde hace muchos siglos. Se convirtieron en un patrón arquetípico de los cambios transicionales civilizadores. Contándose el tiempo a partir del inicio del cristianismo en el primer milenio, el cambio de este fue marcado por figuras mesiánicas de gran influencia social, como Joaquín de Fiore, abad italiano que a principios del siglo XII profetizó un nuevo *eón* del Espíritu Santo, que tendría inicio con S. Benedicto y la orden monástica de los benedictinos. Para Joaquín, el milenio antes de Cristo sería el del padre; el primer milenio de la era cristiana, el del Hijo; el segundo milenio, que entonces comenzaba, el del Espíritu Santo. Los seguidores de Joaquín de Fiore declararon su movimiento pentecostal como un sustituto del evangelio de Cristo. Joaquín de Fiore estaría poseído por el arquetipo del espíritu, en el sentido de que la experiencia religiosa debería ser alcanzada *mucho más por la meditación* (el encuentro con el espíritu santo subjetivo) que por la revelación externa. Estos movimientos son más introvertidos, son más una inflación religiosa subjetiva que las actitudes psicopáticas colectivas extrovertidas que dominan los movimientos políticos y sociales de hoy.

El milenarismo fue un terreno fértil para la mitologización a partir de proyecciones del inconsciente colectivo europeo. A mediados del segundo milenio, las grandes navegaciones pudieron ocurrir debido en parte a las grandes expectativas mitológicas de que el paraíso terrestre fuera descubierto por los navegantes. Se habla de manera extremamente etnocéntrica sobre la forma en que los indios recibieron a los navegantes (Cortés, Pizarro y Cabral) como dioses, sin enfatizar en la mitologización intensa del nuevo mundo a partir de las proyecciones del inconsciente colectivo europeo. Las Américas siempre fueron arquetípicamente vistas como el paraíso terrenal. La leyenda de El Dorado, de las Amazonas, son todos mitos arquetípicos milenaristas, pues el descubrimiento del nuevo mundo es la realización de la profecía de los descubrimientos del paraíso al final de los 500 años del segundo milenio.

Las crisis globales son previstas desde la aproximación del final del segundo milenio, a finales del siglo pasado. Fantasías milenaristas se intensificaron en esa ocasión, siendo la más *techno* de ellas el llamado *bug del milenio*. Insistentemente se repetía que las máquinas basadas en un sistema digital fallarían, debido a la repetición de las fechas 00 en los sistemas digitales a partir del año 2000. No podemos dejar de sonreír con esas perspectivas que en la época eran vistas como extremamente sombrías, considerando todo lo que viene sucediendo a partir de los últimos años. Frente a todo lo que nos deparamos en los primeros años del nuevo milenio el *bug del milenio* parece una gran bobería, una broma de mal gusto, un pasatiempo de niños.

En vez del *bug del milenio,* tuvimos, entre otras cosas: guerras fratricidas en el este europeo que diezmaron etnias. Con la caída del Muro de Berlín y el colapso de la Unión Soviética, el África subsahariana dejó de ser un interés estratégico para las llamadas grandes potencias. Las epidemias de Sida y revoluciones internas convirtieron a esta región, con excepción del África del Sur, económicamente inviable, según la Unesco; es decir, si no se hace nada en los próximos años, poblaciones de varios países pueden desaparecer. En América Latina la pobreza y el analfabetismo aumentaron bastante y la tecnología y la informática de los últimos cincuenta años aun no presentan los resultados esperados en la mejoría de la calidad de vida de la población en general. *Brasil es uno de los países con mayor concentración de riquezas del mundo.* Yugoslavia fue fragmentada en varias naciones. Luchas étnicas propiciaron la intervención americana en Kosovo. Chechenia continúa sin resolver su situación, como enclave dependiente de Rusia. Toda la inestabilidad de las guerras étnicas en Europa y en Asia se sumaron al grave problema del terrorismo *versus* el colonialismo americano y el enfrentamiento de doctrinas religiosas que culminaron con el atentado del 11 de septiembre.

Las respuestas militares al atentado produjeron, como se sabe, una invasión de Afganistán en busca de culpables y culminaron con la guerra de Irak. Las derivaciones políticas y psicológicas del atentado continúan hasta la actualidad y nos parece difícil prever sus consecuencias en los años venideros. Sabemos con certeza que produjeron una profunda e indeleble cicatriz en esta civilización en transición. Nos damos cuenta que corresponde a cada uno de nosotros buscar respuestas dentro del microcosmos del proceso de individuación de cada uno, para producir transformaciones en el macrocosmos de la convivencia de las familias, de las sociedades, de las ciudades, de las culturas, e incluso de la especie humana. Pues, con Jung, creemos que sólo la experiencia personal del individuo puede traer la verdadera transformación colectiva.

El tercer milenio fue inaugurado con el atentado del 11 de septiembre que marca una nueva era de la civilización en transición. El año 2002 fue un año del *dios Janus*, dios de los portales de la antigua Roma, año capicúa, 2002, simétrico y especular, en el cual los extremos opuestos se contemplan y confrontan. Fue el año de la confrontación radical de la civilización de lo nuevo, desechable y de la informática que se renueva cada mes con lo tradicional, medieval, permanente, inmutable. ¿Habrá una síntesis posible de este choque de opuestos?

Luigi Zoja reflexionó sobre el *mito de la arrogancia* (2002) que permea la cultura occidental desde sus inicios en mares helénicos. El mito del héroe es, por su naturaleza y esencia, arrogante, y el problema de la arrogancia civilizadora llega ahora a nivel planetario a un máximo grado de destructividad. El héroe llega con su *hýbris* a un máximo de destructividad y puede destruir no sólo a sí mismo, sino a todo el planeta; hay una hipertrofia de la arrogancia civilizadora a nivel planetario. El héroe que destruye Troya es capaz de destruir al mundo, las especies, la ecología, los ríos y los bosques. La gran torre multilingüe de Babel amenaza con desmoronarse, y el evento del 11 de septiembre es la expresión arquetípica del exceso. El héroe occidental no se conforma más con la totalidad del diez, el número diez, expresión mandálica de la totalidad, sino que excede al diez y llega al arrogante once, número de la *hýbris* arrogante, excesiva, un uno más, el uno creativo que recomienza, el uno que recomienza cuando no debería recomenzar, más allá del diez.

Zoja en la *Historia de la arrogancia* recuerda el Mito de Prometeo, aquel que piensa con anticipación, *pro-manthéin*. Una forma de *hýbris* particular es la de Prometeo, aquel que como portador del fuego, anticipa, mira para el oriente colgando del acantilado, el Cáucaso, último bastión del occidente, contemplando el oriente. El horizonte al cual Prometeo contempla es el oriente, la perspectiva que falta es la perspectiva oriental. Prometeo, con su énfasis espiritual, ígneo, es castigado con una enfermedad hepática, psicosomática. La enfermedad corporal es la compensación a la *hýbris* espiritual, a una espiritualidad igualada al desarrollo intelectual. La espiritualidad corporal india y china, e incluso árabe, tal vez compense los caminos excesivamente cerebrales de Grecia. Pero el mito griego no es sólo cerebral, es imaginativo, y lo imaginativo es también visceral, es corporal, involucra todo el cuerpo. Las imágenes del mito griego hablan, podríamos decir, a través de una asociación libre del inconsciente colectivo en imágenes mitológicas. Estas imágenes dicen que Prometeo está encadenado, sin salida, con su enfermedad hipocondríaca, mientras quiera confrontar el mundo espiritual de Zeus que, como castigo, envió al águila para devorar sus entrañas. Pero las imágenes míticas hablan de una solución. Heracles mata al águila y libera al Titán.

Zeus jurara por las aguas del río Estigio jamás libertar al primo traidor. Para no convertirse en un perjuro, confecciona una argolla hecha con grilletes de acero que sujetaban a Prometeo, presa a un fragmento de la columna a la que estaba atado. El titán la debería cargar con él para siempre como símbolo de su prisión (BRANDÃO,1992: 329 (Prometeu)).

Después de su liberación, Prometeo desempeña un papel decisivo en el destino de otro gran herido mitológico, el centauro Quirón, el gran curador-herido. Él fue herido accidentalmente con una de las flechas de Heracles. Su herida sangraba para siempre. Atormentado, incapaz de morir, el patrono de Esculapio es ayudado por Prometeo. Hay una solución por un intercambio de lugares, el centauro ocupa el lugar de Prometeo, convirtiéndose en un ser mortal. Puede morir entonces, librarse de sus padecimientos y transformarse en la *constelación de Sagitario*. El titán se tornó inmortal, convirtiéndose en una figura de culto para las criaturas humanas (Idem, Ibidem).

El movimiento de la energía curadora del dios médico curador herido, el que mira su cuerpo, es el que nos salva del impase prometeico. El camino para la solución del enigma de Prometeo es el encuentro con el límite y la *dialéctica de la herida*. *Prometeo y Quirón tienen ambos el secreto de la herida, el aprendizaje por la herida,* y la herida trae la noción del límite que tal vez sea la salida para la desmedida omnipotencia.

No podemos predecir lo que nos depara el futuro. Arquetípicamente sólo podemos reflexionar que las grandes crisis son posibilidades de crecimiento y transformación. El Oriente se ofrece al Occidente como posibilidad de renovación y toda renovación se da a través del sufrimiento. Se percibe que el patrón heroico occidental está desgastado y que la conquista con destrucción ya no es un programa válido de acción, pues lleva a la destrucción planetaria ecológica de la especie y del propio planeta. Las relaciones entre las culturas y las personas deben ser hechas no más por la destrucción y anulación del otro, sino por la interacción y aprendizaje, por la dialéctica constructiva, por una relación de complejidad interactiva.

12. Las escatologías griegas antiguas y la psicoterapia moderna[*]

Para Junito Brandão (*in memoriam*); más que un maestro, fue un gran e inspirador amigo.

El inconsciente tiene una estructura que huye de las reglas del espacio y del tiempo. La reaparición en el hombre contemporáneo de ideas, representaciones psíquicas e imágenes siempre presentes en otros pueblos y otras épocas puede ser mejor entendida como la reactualización de estructuras arquetípicas del inconsciente colectivo así como lo definió C.G. Jung.

El arquetipo es una predisposición a producir las mismas representaciones dentro de las mismas situaciones existenciales a las que todos los hombres están expuestos. Las escatologías hablan del destino final de todos, en los tiempos finales. Las imágenes que se les aparecen a los *iniciados* dentro de las religiones de misterio intentan dar cuenta del destino y

---

[*] Adaptación de la conferencia realizada en la mesa redonda "Cosmogonías y escatologías" del III Congreso de Letras Clásicas y Orientales de la Universidad de Letras de la UERJ, con el título: "Elementos de las escatologías homérica y órfico-pitagórica y su reemergencia en la psicoterapia contemporánea".

dar sentido a su existencia dentro de este mundo y en el pasaje para el otro. En el proceso de análisis del inconsciente, elementos fundamentales de la existencia del individuo salen a flote y son confrontados. Esta confrontación existencial, soteriológica y de búsqueda de sentido, obedece a los mismos patrones fundamentales de las religiones de misterio antiguas e incluso de la religión griega oficial, en sus aspectos escatológicos.

Abordando la cuestión de la escatología en teología y en las religiones comparadas, es importante distinguir la escatología como destino cósmico universal de la escatología como destino final de los individuos. En nuestro trabajo comparativo nos detendremos en elementos de la escatología de Homero y en la escatología órfico-pitagórica que hablan del destino individual en el más allá - tumba.

En las concepciones más arcaicas de la escatología de Homero (siglo VII a.C) es fundamental la concepción del alma como un *Eidolon*, un doble apático del hombre que lleva su existencia en el Hades, el lugar de los muertos, pero sin la connotación de castigo o recompensa dada por otras culturas, inclusive la cristiana. En las narrativas homéricas, en la *Ilíada* y en la *Odisea*, la psique del héroe se sitúa en su *Kephalé,* en su cabeza, permaneciendo allí inerme durante toda su vida. Solamente cuando el héroe muere, la psique, dotada de la cualidad del vuelo, penetra en la costra terrestre y sufre su *catábasis*[90] para el Hades, donde permanecerá como un Eidolon. Pero raramente la

---

[90] *Catábasis*: descenso ritual para el mundo de los muertos.

psique es tocada por Hermes, el dios psicopompo, que, con su bastón, la guiará para las profundas regiones del Hades.

Se definen algunas regiones de la geografía mitológica, que son intercomunicantes entre el mundo de acá, de los vivos, y el mundo de los muertos (podemos decir también, entre el consciente y el inconsciente, sin que corramos el riesgo de psicologizar la tradición mitológica en exceso). Esas regiones son, entre otras, el Lago Averno, en el sur de Italia, grutas y cavernas misteriosas que sólo los iniciados y ciertos héroes podrían conocer[91].

Podemos considerar, según Jung (cf. HILLMAN, 1972), el mundo del dios Hades como el inconsciente. Es el mundo donde están Hades, Perséfone y los Eidola. Un estudio pormenorizado del reino del Hades sería demasiado extenso, pero debemos recordar que aquel llamado el *Señor de muchos, el Señor de las semillas, el receptor de muchos- Polidectes -* es la verdad Hades, y las semillas somos nosotros, que hacemos nuestra catábasis para el mundo de abajo y renacemos cuando la semilla está lista. Los señores Hades y Perséfone rigen el proceso.[92]

---

[91] Eneas, el héroe fundador de Roma, después de abandonar a Troya destruida, llega hasta el Monte de Cumas . Eneas quiere entrar en el mundo inferior para hablar con su padre muerto. Implora entonces a Cibila de Cumas: "No te pido sino una cosa: visto que es aquí, se dice, la puerta del rey de los infiernos y el tenebroso pantano para donde fluye el Aqueronte, que me sea lícito ir a ver a mi padre querido y con él conversar; enséñame el camino y ábreme las puertas sagradas" (Virgílio,*Eneida*, canto VI).

[92] El mitólogo húngaro Caroly Kerényi interpreta el nombre *Polidectes* como un epíteto de Hades (Kerényi, 1978: 48).

La noción antigua de un *descenso*, de que la *psique* necesita tener una *catábasis* para llegar al mundo de los muertos, es un punto importante[93]. La noción del *abajo* fue enfatizada por Jung y sus seguidores como siendo el dominio de la esfera de lo menos diferenciado (desde el punto de vista de la conciencia) o el inconsciente. Siempre se tiene la noción de que el inconsciente está abajo[94].

En la narrativa mítica del héroe es dado a él descender al Hades en condiciones especiales, y allá tener un aprendizaje, una iniciación. Esto hace de la escatología no sólo una expresión de los mitos de las cosas que van a suceder al final de los tiempos, sino que da a ella una gran importancia en las religiones de iniciación, pues cualquier iniciado deberá sufrir una *catábasis*, pasar por una transformación (cambio de nombre, muerte simbólica) y sólo después de transformado llegar a una *anábasis*[95]. Los mitos escatológicos son centrales en las grandes religiones antiguas de misterio, el orfismo y los misterios de Eleusis.

Quiero enfatizar que la *muerte simbólica* es la esencia de cualquier proceso terapéutico. Es esencial que todo cliente en análisis pase por la *muerte simbólica* para que una nueva personalidad pueda nacer. De

---

[93] Los griegos no tenían originalmente ningún sentido de castigo o culpa con ese descenso. El Hades es un lugar de los *Eidola*, de los muertos, *tout court*. *Ínferos*, lat.: *lo que está abajo*, origina *inferno*, como lugar de sufrimiento. Pero este es un desarrollo posterior.

[94] Pierre Janet cuñó la expresión *abaissement de niveau mental*, (rebajamiento del nivel mental) para la manifestación de procesos normalmente en el inconsciente, debajo de la esfera de la conciencia. Es como si el inconsciente estuviera *abajo*.

[95] Anábasis: movimiento contrario y complementario a la catábasis, subida al mundo de los vivos.

una forma amplia podemos considerar el proceso terapéutico, cuando es conducido con atención a los símbolos que emergen del inconsciente colectivo, semejante a una catábasis. El analisando, un iniciado, el analista, el *mistagogós*, un conductor de los iniciados, todo eso tomado simbólicamente, naturalmente.

En dos narrativas clásicas el contacto de los héroes con el reino de Hades se hace bastante significativo: Ulises evocando el Eidolon de Tiresias en el retorno a Ítaca y Eneas que dialoga con la sombra[96] de su propio padre Anquises en el grandioso encuentro relatado en la *Eneida* de Virgilio.

En el caso de Eneas, el héroe busca el mundo de abajo para entrar en contacto con su padre. Eneas encuentra la sombra de su padre Anquises, en los Campos Elíseos, después de pasar por la región inferior del Tártaro. El espíritu paterno transmite al héroe enseñanzas trascendentales sobre el destino final de los seres, el modo por el cual algunas almas buscan el río del olvido Lethe y la reencarnación. Muestra además a Eneas una visión gloriosa: la noble raza de los romanos, y el glorioso imperio que sería creado en los próximos siglos por sus descendientes.

El contacto de Ulises con el reino de Hades se produce justo después de su salida de la isla de Circe, cuando, después de navegar con vientos favorables, llega al país de los Cimerios. Ulises evoca el Eidolon de Tiresias junto a la entrada del Hades, después de

---

[96] *Sombra* de Anquises: significa aquí el *doble* de Anquises, su *éidolon* o *imagen* en el mundo de los muertos.

libaciones y sacrificios rituales. Tiresias hace predicciones y advertencias para Ulises, tal como lo hacía en vida: Poseidón hará todo para que él no regrese a salvo a su tierra natal, Ítaca. Ulises no deberá molestar a los bueyes de Helio, cuando los encuentre. Si lo hace, un gran mal advendrá al héroe. Tiresias también profetiza que, cuando Ulises llegue a Ítaca, encontrará pretendientes que codician sus bienes y su esposa, pero el héroe eliminará a los pretendientes. Tiresias profetiza además que el héroe terminará sus días en una vejez opulenta.

En ambos casos tenemos situaciones de contacto del héroe con figuras sin igual, el padre de Eneas, Anquises, y el vidente sabio Tiresias. En ambos diálogos tenemos consejos y advertencias de hechos que realmente se constelan en el futuro. En los encuentros en el mundo de abajo, las leyes del espacio y tiempo dejan de existir, hay sólo un *continuo eterno-ahora*. Ulises y Eneas, teniendo la experiencia con los muertos, regresan al mundo de los vivos con un nuevo conocimiento y certeza de las cosas que aun sucederán.

Jung denominó *sincronicidad* a las experiencias acausales de coincidencias significativas. La sincronicidad ocurre por la constelación de un arquetipo inconsciente en el mundo material. Hay coincidencias entre el mundo psíquico *de dentro* y el mundo material *de afuera*. Las experiencias mitológicas de Eneas y Odiseo se revisten de un carácter sincronístico por la identidad de los eventos psíquicos (hechos imaginados en el mundo de Hades - o el mundo del inconsciente) y los hechos reales que ocurren en el mundo material (o el mundo de la conciencia).

El reino de Hades es el reino de las *Eidola*, de dobles apáticos del hombre. El viaje del *Eidolon* rumbo al Hades después del abandono del cuerpo físico en la muerte, según la escatología homérica, nos es psicológicamente interesante. La psique habita inerme la *khephalé* (cabeza) durante toda la vida. En la muerte del héroe, la *psique* es tocada por el bastón de Hermes, deja el cuerpo del muerto y adquiere la forma de *Eidolon*, una copia del cuerpo fallecido. Guiado por Hermes, va hasta el reino de los muertos. Sin embargo, pierde gran parte de su vitalidad al dejar el cuerpo, ya que la psique está asociada a partes de este, el *thymós* (espíritu) y *phrénes* (inteligencia)[97]. La *psique* desciende al Hades en forma de Eidolon ya bastante deteriorada.

Consideramos la percepción griega antigua de alma psicosomática bastante interesante. Junito Brandão consideró que los griegos tenían grandes dificultades en separar el alma del cuerpo, y en el período homérico mantuvieron la visión de un alma estrictamente vinculada al cuerpo. El cuerpo ha sido objeto de investigaciones de varias corrientes de la psicología profunda y la frontera mente-cuerpo ha sido bastante explorada en los últimos años. Hay una percepción general de que la frontera psique-cuerpo es mucho más tenue de lo que se pensaba y que el cuerpo tiene múltiples intereses para el terapeuta de

---

[97] El *thymós* es el espíritu del hombre. Reside en el diafragma y lo impele a la acción. El *phrénes* es la inteligencia, habilidad de pensar y sentir. Reside en el hueso esternón. Cf. Onians, 1973, p.13.

la psique. Parece que la rígida separación cuerpo-mente del paradigma cartesiano viene siendo relativizada por la influencia de un tercer factor de la visión dual: el símbolo unificador. Las manifestaciones corporales son cada vez más tomadas como símbolos en terapia, el cuerpo adquiere un significado simbólico[98]
.

En la escatología oficial apolínea el *Eidolon* es transportado por Caronte en su barca en los ríos subterráneos. En muchas representaciones aparece también el can Cerbero, el terrible perro guardián del umbral, que impide la entrada y salida del mundo de abajo. Para Caronte es dada una moneda, para Cerbero un pan que le sirva de alimento[99]. En ambos casos, ritos propiciatorios para la entrada en el mundo de abajo. En los hallazgos arqueológicos de las tumbas se encontraron óbolos como monedas propiciatorias en la boca de los cadáveres. Se sabe que eran colocados allí antes de la cremación. El Óbolo facilitaría la entrada del muerto en el reino de Hades. Como objeto de facilitación de entrada en el mundo de abajo (del inconsciente), podemos comparar el óbolo a un *símbolo psicológico*[100].

Es importante resaltar la importancia del símbolo en las relaciones entre el mundo de la conciencia y el inconsciente. C.G. Jung recuerda que la palabra símbolo viene del griego *symballein,* lanzar junto. En la psicología analítica de Jung se aplica la categoría

---

[98] Y, podríamos decir, también el alma adquiere un carácter *somático o material.*

[99] Ver, para comentarios sobre los rituales de descenso, la catábasis de Psique en el cap. 7: "Amor e individuación – *Eros y Psique*".

[100] Junito Brandão compara el óbolo a un símbolo psicológico (1991:373, bajo la referencia "escatología").

de símbolo a cualquier objeto que tenga la función de atraer y transformar la energía psíquica. El símbolo es siempre *polisémico*, es decir, no es unívoco en su significado, pues en este caso corre el riesgo de verse reducido a la categoría de un *signo semiótico*. La cruz, por ejemplo, apareciendo en sueños o fantasías, puede representar el encuentro de dos movimientos, la verticalidad del espíritu que encuentra la horizontalidad de la materia, un aumento de algo, por ser el signo matemático de un más, el aviso de un hospital y la necesidad de silencio, el símbolo cristiano, dolor, penitencia, y además una infinidad de otras cosas que dependerán de las asociaciones personales del soñador con el símbolo universal arquetípico. Él tendrá siempre un lado conocido, y otro desconocido, que apunta hacia el misterio, o hacia el inconsciente. C.G. Jung considera los signos semióticos bien diferentes de los símbolos por tener un sentido único, *unívoco*. Las señales de tránsito, por ejemplo, no son símbolos, pues su función es especificada y determinada, y así debe ser para que ellos eviten accidentes.

Por eso comparamos los *óbolos* a los símbolos, por estar ocurriendo en el pasaje entre el mundo de arriba y el de abajo, entre el consciente y el inconsciente, y ser considerados fundamentales para que el pasaje se dé. Sin los símbolos ningún proceso analítico es posible, pues el cliente termina cayendo en literalismos, se queda sólo en el mundo concreto, es incapaz de percibir las cosas simbólicamente. Es decir, es incapaz de descender al mundo del Hades.

213

Una cuestión que consideramos fundamental en la escatología griega antigua es el papel desempeñado por la *memoria*. La memoria era tan fundamental en la tradición que fue elevada a la condición de diosa, la diosa *Mnemósine*, hija de Urano y Gaia, y con Zeus, generadora de las nueve musas, estando asociada, por lo tanto, a toda creatividad.

En las exequias era esencial el correcto uso de las *estelas funerarias*, donde se grababa cuidadosamente el nombre del muerto. Todo ello muy necesario, con el fin de que él mismo y sus parientes no perdieran *la memoria del nombre*. Así no perderían la propia *memoria del muerto* (BRANDÃO, 1991: 362, referencia: escatología).

En las escatologías de las religiones de misterio - en particular en el orfismo, que abordaremos - la memoria adquiere un papel central y soteriológico. La verdad, este papel de salvación, atributo de la memoria, aparece en diversas religiones en las más variadas culturas, como demostró Mircea Eliade (1961:52 ss).

El orfismo, como auténtico movimiento mítico-religioso del siglo VI a.C., tuvo una significativa importancia histórica al introducir en la antigua Grecia la cuestión de la culpa individual y la responsabilidad por el propio destino. Durante el periodo homérico predominó *la ley del Genos*, la culpa familiar, sobreponiéndose a la culpa individual. La cuestión de la culpa familiar, del pago colectivo de las faltas cometidas, aun permanece en familias pobres del interior del Brasil, donde el pago de las faltas se hace de forma colectiva, como es relatado en las historias de

Guimarães Rosa[101]. De forma simbólica, el llamado *chivo expiatorio* de la familia, el *eslabón más débil* (como lo llamó Ronald Laing), carga en su inconsciente las culpas colectivas del grupo y juzga que es su deber expiarlas.

La escatología órfica iniciática, con influencias orientales, introduce en la Hélade la cuestión de la *metempsicosis*[102], una nueva geografía del tártaro y la posibilidad de la expiación de las culpas individuales a través de innumerables reencarnaciones por prescripciones éticas refinadas y por la catarsis apolínea. El órfico seguía diversas prescripciones de pureza, como no comer carne o huevos (el origen de la vida). Toda la metapsicología órfica se basa en una antropogonía original, en el mito del dios Dioniso-Zagreu, que es atraído por los Titanes enviados por una diosa Hera celosa, fascinado por espejos y juguetes, despedazado y devorado. Zeus, enfurecido, fulminó a los Titanes. De sus cenizas nacieron los hombres. Nosotros, los hombres, tenemos una naturaleza titánica, primitiva, instintiva y una divina, dionisíaca. Toda la escatología órfica de iniciación tiene como objetivo liberar el aspecto dionisíaco que está en el hombre. De la antropogonía órfica original se deriva toda una importante teoría del *soma-sema*, es decir, *el cuerpo como tumba del alma*, heredada por Pitágoras y Platón, y más tarde por el cristianismo.

---

[101] Ver, para la emergencia del *Génos* arcaico griego en el sertón de Minas Gerais, Rosa, 1976. Para más detalles sobre la ley del *Génos* en la novela de Guimarães Rosa, cf. el cap. 6, "Edipo, el de dos caras", en la nota 50, p.99.

[102] Vale la pena distinguir aquí *metempsicosis* – reencarnación en plantas, animales y seres humanos – y la *ensomatosis* – el proceso reencarnatorio esencialmente en cuerpos humanos.

En cuanto a la geografía del mundo de Hades, era concebido como dividido en tres partes: el *Tártaro*, el *Érebo* y los *Campos Elíseos*, y las almas las ocupaban según el nivel de su evolución espiritual. Los castigos del Tártaro son más penosos y terribles que en el Érebo. Tienen acceso a los Campos Elíseos sólo las almas más evolucionadas. Aun así, es importante señalar, que todas las capas del Hades presuponen el retorno a la vida en la tierra. Sólo los iniciados perfectos podrán alcanzar el lugar sin retorno, la Isla de los Bienaventurados, localizado en las estrellas.

Un significativo hallazgo arqueológico, las *lamelas*[103] en las tumbas órficas, revelaron verdaderas guías *post-mortem* para el iniciado órfico. Las lamelas son finas placas de oro con instrucciones sobre los procedimientos *post-mortem*, guías a seguir, palabras rituales a decir, etc. Brandão comenta que las lamelas se convirtieron en importantes fuentes de información sobre la escatología órfica (BRANDAO, 1987, 1991). Por algunas lamelas se sabe entre otras cosas que el órfico es advertido a evitar el río Lethe (agua del olvido) y beber de la fuente de Mnemosine (memoria) al entrar en el Hades. El proceso consiste en no olvidarse de las experiencias terrestres y así librarse del proceso de las transmigraciones. Mientras la escatología oficial reza que los muertos son aquellos que perdieron la memoria, para los órficos la pérdida de la memoria implica la entrada en el ciclo reencarnatorio y el olvido de las experiencias trascendentales. "Bebiendo de la fuente de la

---

[103] Vea las referencias detalladas a las lamelas en Brandão, 1987a. Vea también Brandão, 1991, referencia: *escatología*.

memoria, el alma órfica deseaba sólo recordar la bienaventuranza" (BRANDAO, 1991: 377).

En el orfismo, por lo tanto, encontramos una teoría de la memoria como liberadora y una teoría de los orígenes según la cual el hombre debe recordar un estado inicial de beatitud que perdió en este mundo. Eliade aborda la cuestión del mito de los orígenes y del papel soteriológico de la memoria (ELIADE, 1961: 53ss). Según este autor, las sociedades tradicionales tienen en general mitos de origen en los cuales la salvación se encuentra en el *illud tempus*, en tiempo original ideal, donde figuras heroicas ejecutan acciones ejemplares que sirven de modelo a los hombres en el presente. Rituales evocan las figuras ideales del *illud tempus*. La salvación está en la memoria en los tiempos ideales de origen.

En la psicoterapia contemporánea la memoria actúa como factor soteriológico, como un rescate de núcleos perdidos. El paciente deberá recordar hechos perdidos en el pasado e integrarlos en la nueva conciencia. Sin embargo, existe la fantasía de que el pasado trabajado en terapia es fijo, es decir, las cosas pasadas no se pueden cambiar, mientras que sólo el futuro es plástico, listo para ser construido. Olvidamos que el pasado es extremamente plástico, mutable, él cambia en la medida en que nuestra personalidad cambia. También es importante señalar que recordamos hechos siempre dentro de una determinada perspectiva, y esa perspectiva puede alterarse de acuerdo con el estado de conciencia. La personalidad cambia en la medida en que los recuerdos cambian y que la conciencia se altera con una perspectiva del pasado enteramente renovada. El pasado es una cuestión de perspectiva, es decir, hay diversas formas de recordarlo.

Hillman (1975) recuerda que la memoria en análisis no es sólo un retorno a los hechos localizados en la infancia, como al principio pensamos, sino un verdadero *retorno a los orígenes*, una *epistrophé*, como la que hace Ulises en su retorno a Ítaca. El autor recuerda que toda la *Odisea* es una gran memoria, un recuerdo de Ulises a partir de la isla de la ninfa *Calipso*, cuando comienza a recuperar su memoria. Ocurre una gran *epistrophé*, un gran retorno a los orígenes, el cual es arquetípico, mitológico y simbólico. Esa *epistrophé* es la que buscamos en el verdadero análisis del inconsciente.

13. La mitopoiesis en la era tecnológica

Mitos y arquetipos de la ciencia ficción[*]

Definiciones

La literatura de ciencia ficción emplea los referentes de la ciencia y de la imaginación e incorpora los mitos de todas las épocas. Es muy difícil definir lo que es ciencia ficción. Los propios autores del género intentaron algunas definiciones:

Robert Heinlein: "La ciencia ficción es una especulación realística sobre eventos futuros posibles, sólidamente basada en un conocimiento adecuado del mundo real pasado y presente y en una compresión completa de la naturaleza y del método científico."

Theodore Sturgeon: "Una buena historia de ciencia ficción es una historia sobre seres humanos, con un problema humano y una solución humana, que no

---

[*] Conferencia realizada en el XV Congreso de La Asociación Junguiana del Brasil, en Aguas de San Pedro, Campinas, en octubre de 2006. Editada en la revista electrónica del grupo Sizigia: www.sizigia.com.br

habría sucedido de modo alguno sin un contenido científico".

En su libro de ensayos *Strong opinions*, Vladimir Nabokov argumenta que, si nos mantuviéramos rigurosos en nuestras definiciones, la pieza de Shakespeare, *La Tempestad*, debería ser considerada ciencia ficción...[104]

Ciencia ficción situada entre otros géneros

La verdad, el género de ciencia ficción penetra otros géneros de la literatura, siendo difícil separar, por ejemplo, la literatura de ciencia ficción de la de fantasía o del cuento fantástico. El límite entre ciencia ficción y fantasía no es claro. En las librerías muchas veces los géneros están mezclados en las estanterías. Es común que autores de de ciencia ficción, también escriban obras del cuento fantástico, como Ray Bradbury, que escribió *Fahrenheit 451* y también *El hombre llustrado* y, más tarde, *El país de octubre,* entre muchos otros. Los dos primeros libros son claramente del género de ciencia ficción, mientras que el último está en la categoría de cuento fantástico, constando de bellísimos cuentos cortos, donde el imaginario y lo mitológico arquetípico tienen lugar en la fantasía del cotidiano.

Incluso podría decirse que la ciencia ficción es una forma moderna del cuento fantástico, o del género de la fantasía, pues el género posee características como

---

[104] Heilein, Sturgeon y Vladimir Nabokov mencionados en el site:www.wikipedia.com. The Free Encyclopedia.

magia, cambio de forma, adivinación, lectura de la mente, animales encantados, y muchos otros. Esos elementos comunes con la literatura de la fantasía tienen su origen y actuación explicados por la intervención de la tecnología avanzada y la actuación de seres extraterrenos. Como ejemplo se puede citar la Fuerza, en el conflicto del Sith con el Jedi, en *La guerra de las galaxias*[105].

Precursores de la ciencia ficción

El origen de la literatura de ciencia ficción en el tiempo histórico es determinado por la mayoría de los autores en la novela gótica de Mary Shelley, *Frankenstein, o el Prometeo moderno* (1818). En esta historia, por primera vez, medios científicos son usados para crear vida a partir de la materia inanimada. También el trabajo de Robert Louis Stevenson, *El extraño caso del Dr. Jekyll y Mr. Hyde* (1886), puede ser considerado ciencia ficción *stricto sensu*. Sin embargo, es necesario diferenciar la literatura fantástica de la literatura de ciencia ficción. *Drácula*, de Bram Stocker (1897), está considerado por la crítica especializada como perteneciente al género de literatura fantástica.

Algunas historias fantásticas de origen antiguo tienen

---

[105] Recordando, como es sabido, que toda la historia de *La guerra de las galaxias* fue supervisada y orientada por Joseph Campbell (ver bibliografía) con una fuerte influencia junguiana. La historia del héroe Luck Skywalker ("El andariego celeste", literalmente) es un mito de héroe con diferentes representaciones arquetípicas.

elementos de ciencia ficción sin que podamos considerarlas propiamente del género. Por ejemplo, en el año 160 de la era cristiana un tal Luciano escribió *Vera Historia*, un relato de cómo un velero es transportado para más allá de los Pilares de Hércules para la luna por un remolino. Allí los viajeros encuentran al rey de la luna en guerra con el emperador del sol, disputando los derechos de colonizar Venus. Hay una gran batalla, en la cual participan pulgas, que se vuelven tan grandes como elefantes. La batalla es decidida cuando el emperador solar recibe refuerzos del planeta Sirius. El emperador cerca entonces la luna con una densa neblina, dejándola sin energía solar. Los habitantes de la luna se ven obligados a rendirse y se realizan esfuerzos para colonizar Venus en un esfuerzo conjunto. Esta no puede ser considerada una historia de ciencia ficción, aunque contenga elementos de ella, como el transporte espacial y el vuelo a otros planetas. Sin embargo, el elemento científico en ella presente es insuficiente[106]. Por su lado las historias de Julio Verne, como sabemos, son bellísimas historias de ciencia ficción con un enorme contenido anticipacitorio.

La Ciencia Ficción: ¿una forma contemporánea de mitologizar?

Según vimos, Jung llamó la atención sobre la importancia central del *mitologizar* (*mythologein*) en psicología (JUNG, 1978: 260). El mitologizar es una

---

[106] O conto *Vera Historia* de Luciano, mencionado en el site: www.wikipedia.com. The Free Encyclopedia.

forma de huir de las expresiones estériles de las teorías psicológicas, dando vida animada y personificada a las experiencias de los arquetipos. Pero es necesario enfatizar que la imagen arquetípica, más allá de su aspecto universalizante, como componente del inconsciente colectivo, tiene también un aspecto *histórico*, temporal. La ciencia ficción, oriunda como es de la era tecnológica, es extremamente contemporánea, constituyendo temas mitológicos contemporáneos. En ese sentido es extremamente valiosa en la *actualización de los mitos dentro de la civilización de la era tecnológica*. Entre los diversos mitos que pueblan la literatura de ciencia ficción están: la imagen de la fuga planetaria, el contacto con seres extraterrestres, la superación de la condición humana actual con el desarrollo de poderes como la telepatía y la superación de la barrera máquina-hombre y hombre-máquina. Este último mito deberá abordarse de forma particular en nuestro estudio, ya que es imposible detenernos de forma detallada en los distintos mitologemas de la literatura de ciencia ficción.

Es necesario enfatizar que, debido al enorme progreso tecnológico de la civilización humana, diferentes motivos de la ciencia ficción dejan rápidamente de ser ficción y toman una forma concreta. Después de todo, estamos en la era de intensas transformaciones en el área de la ciencia y tecnología, como la decodificación del genoma, que transforma toda la medicina y la vuelve cada vez más predictiva en vez de curativa. Los primeros embriones artificiales están siendo producidos con éxito así como las investigaciones con células madre avanzan de forma acelerada. Eso sin contar el enorme avance en la T.I., *tecnología de la información*, con los computadores personales e internet. Por lo tanto, el género literario de ciencia ficción expresa ideas y situaciones que están presentes en la sociedad actual bajo diversas formas. Sin embargo, la belleza ficcional e imaginativa de la literatura de ciencia ficción permanece, y sus contenidos son receptáculos de proyecciones de imágenes arquetípicas del inconsciente colectivo.

La obra de Jung *Un mito moderno – De cosas que se ven en el cielo*, de 1958, analizando desde el punto de vista simbólico la aparición de los ovnis, contempla algunas cuestiones de la ciencia ficción. En ella Jung trata del fenómeno del ovni como rumor, en sueños, en la literatura y en la pintura, además de tejer consideraciones sobre el aspecto histórico de los ovnis. En esta obra, el punto de vista de Jung, como se sabe, es simbólico, analizando los ovnis como mandalas, símbolos de totalidad que compensan la tensión existente en la psique colectiva.

También en su autobiografía Jung menciona los ovnis al soñar con uno de ellos. Sobre el sueño, reflexiona:

> *Siempre creímos que los U.F.O. fueran proyecciones nuestras; ahora, al parecer, somos nosotros los que somos proyecciones de ellos. La linterna mágica me proyecta como C.G. Jung, ¿pero quién manipula el aparato? (JUNG, 1978: 280).*

No es nuestro objetivo profundizar en estas reflexiones de Jung. Sólo creemos que ellas brotan en un contexto moderno, como él mencionó en el título de su libro. De cualquier forma, pensamos que una vez más Jung abre nuevos caminos para la reflexión con su obra *Un mito moderno*, aunque en ella Jung se haya volcado sólo sobre una pequeña parte de la cuestión de la ciencia ficción, es decir, el contacto con inteligencias extraterrestres.

La literatura de ciencia ficción y el mito del androide

Una de las cuestiones más queridas de la literatura de ciencia ficción es la del límite del hombre-máquina y de la máquina-hombre y la superación de esos límites. En el centro de estas cuestiones están la propuesta de la inteligencia artificial, las cuestiones de la robótica y el mito del androide, problemáticas prefiguradas desde la Antigüedad por el mito del autómata.

La figura del autómata aparece en el mito desde Homero, cuando Hefesto aparece en la *Ilíada* siendo ayudado por dos doncellas de oro que podían pensar, hablar y actuar. También está en el mito de Pigmalión y Galatea, en el amor del artista por su obra y en la compasión de Afrodita, que transforma la obra de arte en mujer. En el hermetismo, se perpetúa la tradición de la donación de vida a las estatuas en la leyenda de los Golems. La más conocida relata cómo el rabino Yehuda Lowe moldeó un muñeco de barro y le inyectó vida en 1580, para librar a los judíos de sus perseguidores[107].

En el período romántico las figuras de los autómatas, figuras mecánicas que mimetizan seres humanos, generalmente son vistas como una maldición para sus creadores. E.T.A. Hoffman escribió *El hombre de arena* (1816) sobre una muñeca de madera llamada Olimpia, que es animada por secretos alquímicos. Su creador, el Prof. Spalanzani, es condenado judicialmente por haberla presentado como su hija legítima y haberla incluido en la convivencia social.

Oliveira (2002) recuerda que la novela de Mary Shelley *Frankenstein o el moderno Prometeo* (1817) es considerada la primera obra de ciencia ficción, pues en ella medios científicos son usados para animar la materia inerte, en vez de magia o alquimia. Oliveira resalta que:

> *[...] en la experiencia del trágico Dr. Frankenstein hay cuatro de las principales cuestiones entre hombres y autómatas: la promesa de la obtención de la fuerza prometeica, el miedo de que el conocimiento sobre la creación de la vida sea prohibido y lleve al hombre a la ruina, el recelo de que la criatura se vuelva contra su creador y el temor de que la criatura se reproduzca por cuenta propia. La obra de Mary Shelley es también un referente por presentar claramente las cuestiones de su época: la sustitución de la magia por la ciencia (OLIVEIRA, 2002: 3).*

---

[107] Los ejemplos históricos de autómatas, robots y androides están en Oliveira (2002) , Calife (2002) e Tuckerman (1999).

Con el alto desarrollo de la tecnología en la Modernidad, el motivo antiguo del autómata se presenta sobre el aspecto de la complejidad de la robótica. El nombre *robot* viene del checo *robota*, significando trabajo forzado, o *esclavo*. Robotnik, también del Checo, es la palabra para *siervo* o *esclavo*. Ese sentido de la palabra robot fue introducido en todas las lenguas por el checo Karel Kapec, con su pieza teatral de 1920, *R.U.R.* (*Rossum Universal Robots*), puesta en escena por primera vez en Praga en 1921 (OLIVEIRA, 2002: 3).

La pieza de Kapec marca la transformación en el siglo XX de los autómatas del pasado en robots, computadores gigantes y androides que poblarán la literatura de ciencia ficción. Ahora la ciencia ocupa el lugar de la magia y los límites del hombre y de la máquina se vuelven tenues y vulnerables. Entre los muchos autores que exploran el tema de la robótica y de los androides tomaremos como ejemplo Isaac Asimov, Philiph K. Dick, Ray Bradbury y Arthur Clarke.

Isaac Asimov, nacido en Rusia, emigró posteriormente para los Estados Unidos. Con una sólida formación científica, como químico investigador se interesó profundamente en el tema de los robots y buscó divulgar en sus obras una perspectiva positiva de la robótica, el robot como ayudante y compañero del hombre y no como un asesino de éste, su destructor y enemigo potencial, constituyendo aquello que Asimov denominó el complejo de Frankenstein. Se percibe en el complejo de Frankenstein, según Asimov, el temor secreto a los conocimientos de la ciencia y a los secretos de la vida.

El robot-androide en Asimov

En su libro más famoso, *Yo, robot* (ASIMOV, 2004), colección de historias cortas, muchas de ellas escritas en la década de 1940, Asimov buscó describir al robot como un ser ayudante y cercano del hombre, compañero en todo momento y ejecutor de las funciones más simples del cotidiano.

En uno de los cuentos más famosos, creado en 1940 cuando Asimov tenía 19 años, es descrita la historia de Robbie, robot programado para cumplir las funciones de niñera. Al estar junto con la niña Gloria, la niña desarrolla un profundo afecto por él. Robbie le dedica a Gloria una atención afectuosa de la que ninguna niñera sería capaz, siendo hábil inclusive en contar cuentos de hadas y otras historias con detalles en el momento apropiado. Realiza así todos los deseos de Gloria y suple sus carencias hasta el punto de preocupar mucho a sus padres, principalmente a su madre. Cuando ella piensa en devolver el robot por parecerle la relación con Gloria excesiva, la niña entra en depresión y no puede soportar la ausencia de Robbie. Los padres intentan reemplazarlo con un perro *collie,* sin éxito. En un último intento, los padres la llevan a una fábrica de robots, donde Robbie fue fabricado, para que viera cómo se hizo y que era sólo una máquina. Dentro de la fábrica, viendo una serie de robots trabajando, Gloria reconoce a Robbie, que fue devuelto para aquella fábrica. Gloria no se da cuenta que hay un transportador de la línea de producción que lleva a otras máquinas en su dirección y que producirá un terrible accidente con ella, tal vez pueda matarla. Los padres de Gloria gritan desesperados. Con la agilidad mecánica de los seres artificiales programados para salvar niños, Robbie se adelanta rápidamente y salva a Gloria, mirándola cariñosamente. El cuento termina con los padres de Gloria admitiendo nuevamente el vínculo profundamente afectivo de Robbie con Gloria.

Este cuento ejemplifica la percepción de Asimov de los robots. Queda clara aquí la disolución del límite hombre-máquina, en el cual Robbie realiza tareas de niñera a la perfección, hasta el punto de expresar realmente cierto grado de emoción diferenciada por su protegida. Asimov cree que es posible que la robótica evolucione a una participación en el cotidiano del hombre y situó en sus libros escritos - los primeros en los años 1940 y 1950 - esa participación activa de los robots como en los años 1990 y en el año 2000. Es curioso que las máquinas en los años 1990 realmente entran en el cotidiano de todos nosotros, pero bajo la forma de PCs, impresoras y del espacio virtual de Internet. La influencia consciente e inconsciente de todos estos cambios es enorme. Toda la sociedad está siendo profundamente influenciada por la llamada TI, tecnología de la información108. Se hace evidente la clara intuición de Asimov volviéndose realidad, con robots domésticos cumpliendo múltiples funciones.

Por otro lado, la sociedad contemporánea acompaña

---

108 "Máximo en cinco años, los robots estarán presentes en los hogares brasileños". Con estas palabras, se inicia la noticia del site sobre electrónica en internet, 9/10/2006. Reportaje de Larissa Januário, titulado: "Robots, usted también va a tener uno en casa".

una sorprendente disolución de los límites hombre-máquina, por ejemplo, el código de vida humano es aumentado de forma sorprendente por constantes progresos en la biomedicina, la biología molecular, la decodificación del genoma humano[109], las técnicas de trasplante y el descubrimiento y perfeccionamiento de nuevas medicaciones. Así, el hombre supera la barrera hombre/máquina cada vez más y se aproxima al androide[110].

Según Clute y Nicholls, la palabra androide apareció en la lengua inglesa en 1727 para referirse a los supuestos intentos del alquimista Albertus Magnus (1200-1280) de crear al hombre artificial[111] (apud OLIVEIRA, 2002: 9). El androide de la ciencia ficción parece mezclarse aquí con el homúnculo alquímico. Si el homúnculo es un producto del *opus*, producido en la retorta como símbolo antropomórfico del *Self* dentro de una perspectiva psicológica, el androide, producto del genio creador tecnológico humano, de la *téchne* de la ciencia-ficción elevada al máximo, representa la trascendencia de las limitaciones humanas, tales como las conocemos en un ser, mezcla de humano y artificial. Ese ser se parece en el cuento moderno con una creación del Dr. Frankenstein, sólo que mucho más perfeccionada.

---

[109] La genética médica, con su polémica propuesta de un clon humano, es un paso definitivo en dirección al androide.

[110] Ver referencias a la quiebra de los límites hombre-máquina en mi artículo: "Utopías y distopías y el proceso de individuación en filosofía y literatura". *Revista Junguiana,* 2005.

[111] De Albertus Magnus se decía que tenía un trato con el proprio diablo, pues había fabricado una cabeza de cobre que era capaz de hablar y responder a estímulos. Sus enemigos lo acusaban también de haber fabricado un autómata capaz de hablar.

Este es el problema que amenaza a la ciencia actual, que está rodeada de tabúes: el desarrollo de la vida artificial y eventualmente de un androide casi implica la creación de una nueva conciencia, el hombre asumirá una posición que nunca tuvo en la historia: crear una nueva conciencia, con todas las consecuencias que ese acto pueda generar. Ese miedo, ese pavor irracional de convertirse en creador de conciencias, ya está incorporado en el subtítulo del libro de Mary Shelley: *Franskenstein, o el Prometeo moderno.* ¿Puede alardear el hombre de ser literalmente un nuevo Prometeo, trayendo conciencia a la materia inanimada? Es el mismo tabú que rodea a la polémica de las experiencias actuales con la producción de un clon humano[112].

El mito del androide en Ray Bradbury

Ray Bradbury, uno de los más importantes autores del género fantástico, no se limitó a la ciencia ficción, produciendo bellísimos cuentos del género fantástico, muchos de ellos ya traducidos el español. *El hombre ilustrado, las doradas manzanas del sol, Las crónicas marcianas, El cohete,* son libros de ciencia ficción entre nosotros. Entre los cuentos fantásticos más conocidos están *El país de octubre* y *El vino del estío.* Su estilo de escritura es de historias cortas. Muchas

---

[112] Es bueno recordar que ese tabú no es sólo religioso, de las iglesias, sino que se trata de una cuestión psicológica, el miedo de crear una consciencia nueva. Esa *hýbris* parece ser intolerable y sujeta a castigo. Lo que Asimov llamaba síndrome de Frankenstein (la criatura rebelada contra el creador) se sitúa dentro de esta omnipotencia arquetípica.

llegaron al teatro, cine y televisión, además de ser traducidas a numerosos idiomas.

La figura del androide aparece en Bradbury en el cuento llamado "Marionettes, inc."[113], llevado a la televisión en una serie de cortos dirigida por Alfred Hitchcock. En la historia, los androides pueden ser contratados para reemplazar a un cónyuge cuando una relación matrimonial está desgastada. La sustitución resultante es por un tiempo limitado y naturalmente no es de conocimiento del otro compañero. De ahí se derivan problemas éticos, como, por ejemplo, cuando un androide se enamora de su compañero y decide eliminar al verdadero marido, ocupando definitivamente su lugar[114].

El androide en Philip K. Dick

Ninguno de los autores contemporáneos de ciencia ficción ha expresado de forma tan fascinante el tema del androide como Philip K. Dick. La creación de la conciencia artificial fue una verdadera obsesión para este autor en diversas obras, varias de ellas llevadas al cine. En *Blade Runner, el cazador de androides*, el

---

[113] El cuento hace parte del libro *The illustrated man* (el hombre ilustrado). Es curioso ver aquí el encantador sentido del humor de Bradbury para el doble sentido de la palabra *ilustrado:* culto, contador de historias y, al mismo tiempo, con la piel llena de ilustraciones (BRADBURY, 1990).

[114] En Bradbury, también, aparece el aviso de que la criatura puede rebelarse contra el creador. La cuestión de la conciencia y de la ética es un límite insuperable incluso dentro de la ciencia ficción. En Philip K. Dick reaparece el androide peligroso. Esto es muy evidente en la historia *The Terminator,* (*El exterminador del futuro*), en la cual máquinas y hombres luchan por el dominio de la tierra en un futuro distante.

tema del límite hombre-máquina ocupa un lugar central.

Tal vez sea importante hablar rápidamente sobre la personalidad de Philip K. Dick antes de abordar el tema del androide en su obra. El autor tenía una personalidad bastante particular. Tenía un enorme acceso al inconsciente, inclusive, claro, a las capas del inconsciente creativo. Pero pagó por eso un precio bastante alto, llegando a desarrollar un delirio de tipo paranoide bien sistematizado, alrededor de los años 1950. Llegó a juzgar que varios de sus amigos, también autores de ciencia ficción, eran agentes de la KGB rusa y estaban intentado inducir, en sus libros, varios temas comunistas para influenciar el inconsciente cultural americano, con el fin de que el comunismo se tomara el país. En una serie de cartas los denunció al gobierno. Esta actitud le costó muchas amistades, algunos se alejaron de él lastimados, otros lo perdonaron, reconociendo allí una locura. Era la época del McCartismo, y probablemente la sombra colectiva estaba contaminando la percepción de Dick y su evaluación de la realidad. Su poderosa intuición surgió como intuición patológica (BASH, 1980)[115], interfiriendo con su evaluación de la realidad.

---

[115] Como quiere Bash, el delirio como una forma de intuición patológica que contamina todas las otras funciones psíquicas de evaluación de la realidad, i.e., el pensamiento, sentimiento, la sensación. Siendo así, el delirio no sería un pensamiento patológico, sino, en esencia, una intuición patológica (BASH, 165).

El androide no como alteridad, sino como identidad[116]

Hasta aquí hemos visto siempre al androide como un otro, una creación del hombre, un derivado histórico dentro de la evolución del patrón de la idea arquetípica del autómata. Él ya aparece en la Grecia clásica de Homero como las auxiliares autómatas de Hefesto, pasa junto a las imágenes medievales del Golem y de la Robot María de *Metrópolis,* de Fritz Laing, llegando hasta los androides de *Blade Runner,* de Philip Dick. Pero en las diversas películas sobre androides, algunas de calidad discutible, la 4° película de la serie *Alien, el 8° pasajero[117],* trae la cuestión del *Androide como identidad, no como alteridad[118].* Al final de la película, *todos son androides, se vuelve indiferente quién es humano, quién es androide* y prácticamente no hay humanos en la historia. En *Blade Runner* también se plantea ese asunto. En la bella y antológica escena final, bajo una fina lluvia, el cazador de androides está a punto de ser asesinado por el androide, cuando este muere, su período de vida llega al fin. Pero es conocida una variación de esta *cult-movie (Director's Cut* – variación del director), en la cual el androide no elimina el *Blade Runner* por *ser él mismo un androide,* construido y programado para eliminar a los otros androides que estaban amenazando a los hombres. Y los mandamientos de la robótica de Asimov también se aplican a los

---

[116] Agradezco a mi hija, Marina Boechat, que me sugirió ese tema y ese camino para mis reflexiones.

[117] Sólo la 1° película tiene guión de Philip K. Dick.

[118] Devo essa expressão a Marina Boechat.

androides: un androide no puede hacer mal a su semejante. También en *Blade Runner* se difuminan los límites entre androide y humano cuando el *Blade Runner* se enamora por un tiempo de una androide.

Todas estas imágenes de la literatura y películas apuntan para la pérdida de los límites de lo que es humano y de lo que es máquina, o artificial.

El androide como identidad: La cuestión de la prótesis

Los teóricos de la comunicación desde algún tiempo se han venido preocupando con la cuestión del límite hombre-máquina, la producción de vida artificial y la cuestión del androide (TUCKERMAN, 1999). Dentro de estos trabajos surgen cuestiones importantes sobre el hombre en la contemporaneidad y su inserción en un mundo de máquinas y prótesis[119]. Las prótesis son instrumentales de la *téchne*[120] humana hechas para aumentar y diferenciar órganos de la percepción facilitando la adaptación del sujeto al ambiente externo. Todavía volviendo a recordar la sofisticada tecnología de los trasplantes, los órganos artificiales, los medicamentos que en número cada vez mayor

---

[119] Recordar la definición de prótesis: dispositivo implantado en el cuerpo para suplir la falta de un órgano ausente o para restaurar una función comprometida, cualquier aparato que busque suplir, corregir o aumentar una función natural, como, p.ej., la de audición o visión. *Diccionario Houaiss* (edición electrónica).

[120] Recordando el sentido original de *téchne*, para los griegos: "actuar como la naturaleza actúa". Ver el cap. 8: "Mito y creatividad – Hefesto: el dios de la *téchne*".

circulan en la sangre de las personas, ¿dónde está el hombre, dónde está el androide? Surge aquí el androide como identidad.

De forma radical, el fenómeno humano, cuando se instala sobre la tierra inaugurando la cuestión de la conciencia, inicia también la dialéctica hombre-naturaleza, colocando el problema de la oposición de lo natural *versus* lo artificial. La conciencia instalada en la naturaleza es, de cierta forma, desde el inicio, un fenómeno artificial.

La película *2001, odisea en el espacio*, de Stanley Kubrick, trae cuestiones serias de robótica y de identidad humana abiertas a partir de una historia de Arthur Clarke. El impresionante monolito que baja de los cielos al son de los famosos acordes del 1° movimiento Zarasthustra, de Richard Strauss, sigue una lucha de monos por el dominio de una fuente de agua. Después de aproximarse al monolito, un grupo de monos comienza a tener el dominio de instrumentos, y descubre que puede atacar a otro grupo con armas fabricadas con sus propias manos. Es como si el monolito activara allí un verdadero salto cuántico evolutivo, la oposición del pulgar, particular del ser humano y de algunos pocos antropoides superiores.

Un hueso es lanzado a los cielos, ese hueso se transforma en una nave espacial. Toda la tecnología avanzada tuvo inicio allí, en la obtención de la conciencia, en la posición erecta de la columna, en la oposición del pulgar. Tal vez el monolito represente eso, el elemento artificial delante de lo natural, la introducción de la *téchne* en la naturaleza.

El monolito aparecerá más tarde en un planeta cercano a la tierra. Enviado para descubrir de lo que se trata, el astronauta encuentra el monolito y tiene una experiencia más allá del tiempo sobre su identidad personal. El nuevo salto cuántico del "más allá-del-hombre" parece apuntar a una realidad espiritual o psicológica. La imagen del astronauta muy viejo y después como bebé apunta para el símbolo de la conciencia final trascendente, el niño divino o *Self*.

Conclusiones: el cuerpo androide como el cuerpo contemporáneo

La verdad, cada vez notamos más y con mayor claridad que lo que la literatura de ciencia ficción describe son situaciones contemporáneas que suceden a nuestro alrededor con una rapidez vertiginosa. Ratas con mutaciones genéticas, con orejas en la espalda, computadores campeones de ajedrez, ovejas clonadas y las más variadas posibilidades genéticas, quirúrgicas y terapéuticas impensables algunos años atrás.

Particularmente, con relación al cuerpo, el fenómeno virtual constela un acontecimiento muy importante y frecuente: el cuerpo virtual, con el noviazgo virtual, el sexo virtual, la amistad y las más variadas emociones e intercambios virtuales. Es la entrada en escena del *ciberespacio*, relativizando el cuerpo como lo conocemos. Nuevos mitos están en el imaginario social y en las culturas, la ciencia ficción ha sido el mayor canal para estos nuevos mitos (WERTHEIM,2001).

Las fantásticas imágenes del *cyborg* (*ciber body*) de la literatura y de las películas de ficción son cada vez más una realidad en la cultura actual. Tuckerman, (1999: 137ss)[121] hace un fantástico guión del fenómeno *freak* en la cultura contemporánea. El *freak* es el extraño, la aberración, la identidad que no se encaja en la norma y se expresa en cuerpos con piercings y deformaciones de toda especie que la joven cultura musical contemporánea reverencia. Con la aparición del *cyborg* (*ciber body*), el androide, el cuerpo cibernético, el *freak* deja de ser el otro, el extraño, y se convierte en la identidad secreta. El *cyborg* es el *freak* y el símbolo arquetípico del héroe de las historias, algo con quien identificarse. La verdad, el *cyborg*, el arquetipo del héroe de la película *Terminator, el exterminador del futuro,* refleja el arquetipo del héroe contemporáneo: cuando se hiere, debajo de su piel, encontramos conexiones y cables. Recordamos también que debemos estar siempre conectados, en un flujo de informaciones constantes, revisando nuestro buzón de correo en internet en nuestros computadores personales en cada momento, oyendo nuestra música en nuestro *ipod*, tal vez ingiriendo nuestras píldoras con determinadas sustancias químicas. Prótesis artificiales implantadas en muchos de nosotros mejoran nuestra percepción del ambiente o el funcionamiento interno de nuestros órganos. Son nuevas conjunciones del cuerpo de carbono con cuerpos de silicio alterando la vida del

---

[121] Ver el capítulo "De Frankenstein a los nuevos *freaks*". Tuckerman, 1999.

hombre contemporáneo, tornando al androide no más una alteridad, sino una identidad secreta que poco a poco vamos percibiendo.

Walter Boechat

Apéndice – Glosario de términos junguianos

Para aquellos no familiarizados con los términos de la psicología analítica, la escuela de pensamiento psicológico creada por C.G. Jung, resumimos aquí algunos de sus términos fundamentales usados en este libro. Los términos también se refieren a sus manifestaciones dentro de la *mitopoiesis de la psique*.

Anima – Es el arquetipo del femenino, del alma. La guardiana de las imágenes en el proceso de individuación. El *anima* compensa en el inconsciente a la conciencia de tonalidad masculina, por eso aparece como mujer. Es también un psicopompo – guía de almas – mediando las relaciones del ego con el sí-mismo.

Mitopoiesis de la psique: Helena como encarnación terrestre de la propia Afrodita fue un *anima* importante, como causa original de la guerra de Troya. El troyano París raptó a Helena y el griego Menelao, su esposo, lo siguió de cerca ayudado por una flota de barcos comandados por Agamenón. Beatriz, *anima* de Dante, lo conduce al paraíso en *La Divina Comedia*. El cantor Orfeo no logra rescatar a su alma Eurídice del reino de los muertos.

Animus – Es la voluntad, la voz que habla de adentro, la vocación, la *vocatio*, la llamada espiritual. Manifestación del *principio del logos* dentro del proceso de individuación. Cuando oímos un *animus* diferenciado estamos caminando en el proceso de individuación. Pero el *animus* puede tener manifestaciones poco diferenciadas, lo que exige discriminación de la consciencia.

Mitopoiesis de la psique: En el Mito de Eros y Psique, el *animus* aparece en diversas manifestaciones: Pan, que aconseja sabiamente a Psique, la sutil caña que sugiere el camino creativo, las voces, que le sirven en el castillo encantado de Eros. La propia águila de Zeus puede ser leída como una representante del *animus* espiritualizado (alado). Los cuentos como *La Bella y la Bestia* representan, desde el punto de vista simbólico, el penoso proceso de rescate del *animus* primitivo.

Arquetipos - Son los contenidos del inconsciente colectivo comunes a toda la humanidad. Representan la tendencia presente en todos para producir las mismas imágenes, cuando el individuo está sometido a experiencias similares. Son características filogenéticas, *blue prints*, impresiones psíquicas arcaicas que representan los instintos comunes a todos los individuos pertenecientes a la especie *homo sapiens*. Los arquetipos en sí no pueden ser percibidos, solamente sus representaciones, las *imágenes arquetípicas* (que son las *imágenes míticas*). Ejemplo: Impulso a la acción, a la realización: el arquetipo del héroe es constelado. Sueños y fantasías con contenidos mitológicos del héroe pueden surgir. La persona puede imaginarse realizando tareas dificilísimas, con la ayuda de un ser superior. La acción en el plano consciente tiene una mejor condición psicológica para suceder después. *Mitopoiesis de la psique*: Las figuras mitológicas de todos los pueblos pueden verse como imágenes arquetípicas, dentro de la perspectiva psicológica.

Arquetipo del niño - El niño es el arquetipo de la creación y de los recomienzos. Es una expresión del arquetipo del sí-mismo denotando creatividad, espontaneidad y vitalidad. Como todo arquetipo es bipolar, es decir, expresa aspectos positivos y negativos, el niño puede representar infantilidad, dependencia y regresión, pero muchas veces no es así, y el niño está expresando en sueños, fantasías y obras de arte una *renovación de la conciencia individual y colectiva*

Mitopoiesis de la psique: El mito del niño divino aparece asociado al mitologema del niño-héroe. El niño Jesús expuesto en el pesebre, frágil y al mismo tiempo fortísimo (símbolo del sí-mismo), Perseo niño, Dionisio niño, Atalanta niña, como recomienzo y renovación de la conciencia.

Arquetipo de la Gran Madre - Es el arquetipo de la generación, de la alimentación, de la creación, de la protección de la horda, del origen y de los sentimientos grupales de pertenencia. Uno de los arquetipos de fundamento, dominante durante la individuación intrauterina y la primera infancia, con la lactancia y primeras relaciones de alteridad. Fundamental en la organización de la personalidad desde sus inicios.

Mitopoiesis de la psique: Desde las culturas del paleolítico, pueblos cazadores y recolectores, donde el instinto del hambre predomina, las grandes madres aparecen intensamente en las pinturas rupestres. También asociada a los rituales de la cosecha de trigo en Grecia, la Gran Madre se constela en el mito de Deméter ("tierra fértil") y su hija Core/Perséfone. Con el agotamiento de las fuentes naturales del planeta, hay una *mitopoiesis planetaria,* con la reemergencia del mito de Gaia, que Joseph Campbell consideró el mito colectivo de la humanidad actual.

Arquetipo del padre – Es el arquetipo del límite, de la ley, del *logos*. Es el principio de la ética y de las normas. Como el arquetipo de la Gran Madre, esencial para el desarrollo de la conciencia. Trae la idea de las separaciones y límites.

Mitopoiesis de la psique: Zeus es la principal mitologización del arquetipo del padre, siendo llamado por Homero *El padre de los dioses y de los hombres.* El principio ordenador del Olimpo, gran árbitro en decisiones finales. Su hijo luminoso Apolo es también una personificación del padre, señor de los límites, siendo llamado por Platón *Pater exegetés (el exegeta nacional, el señor de las leyes)* (El Apolo tardío, el de Atenas).

Arquetipo del sí-mismo[122] o *Self* - Es el núcleo central y al mismo tiempo la totalidad de los procesos

---

[122] En las obras completas de C.G. Jung, con traducción directa del alemán, la Editora Vozes optó por traducir el término original de Jung *Selbst* por Sí-mismo. La mayoría de las obras en portugués emplea el anglicismo *Self* (ambos con S mayúscula). Queremos sugerir que se privilegie la intimidad de la experiencia del *sí-mismo* (ese arquetipo representa la identidad real de cada uno, su expresión más genuina).

psíquicos, conscientes e inconscientes. El sí-mismo puede ser considerado como el *equivalente psicológico de la idea universal en la existencia de un dios*. Jung observó un orden, una organización y una teleología (finalidad) en los procesos psicológicos totalmente independientes de la voluntad consciente del ego. Percibió esos procesos de organización de la totalidad observando series de sueños de muchos pacientes y también en la finalidad de los procesos psíquicos de los pacientes psicóticos más regresivos, cuando trabajó en un hospital psiquiátrico. El *director de escena* de todos esos procesos de la totalidad psíquica es el arquetipo del sí-mismo. El sí-mismo se manifiesta en sueños como forma geométrica, el mandala, que trae una idea de centralización y equilibrio, diversos símbolos de la naturaleza, la piedra que da estabilidad y permanencia, el árbol, el río y la montaña. También como figuras humanas como el viejo sabio, el consejero y el tutor, el rey y el chamán.

Mitopoiesis de la psique para encuentros con el sí-mismo: En el cuento de hadas *El patito feo,* de Hans Christian Andersen, el patito se descubre como *un bellísimo cisne*, y no como el patito marginado por su grupo. O el encuentro de Psique con el dios Eros adormecido, o cuando Zeus se revela a Semele, princesa tebana.

Ego – Concepto fundamental en psicología. En la psicología analítica significa el centro de la conciencia,

---

Creemos que cualquier extranjerismo distancia la experiencia arquetípica del "yo-soy" verdadero. Por eso estamos sugiriendo que se mantenga la forma *sí-mismo*.

su núcleo fundamental. Para Jung todos los procesos psicológicos para ser conscientes deben referirse, de alguna forma, al ego.

Mitopoiesis de la psique: El ego aparece en los mitos, de forma idealizada, realizando acciones y alcanzando objetivos de transformación cultural bajo la forma de un *héroe* o *heroína* (*ver adelante*).

Eje Ego-*self* o eje Ego - sí-mismo – Expresa las relaciones simbólicas del ego con el sí-mismo durante el proceso de individuación. En la infancia, el eje ego-sí-mismo es *corto* y el niño es dominado por el pensamiento mitológico, necesita del cuento de hadas que organiza su estructura mental. En la enfermedad mental grave el eje no opera bien y el paciente es invadido por ideas mitológicas autónomas (Delirios de fin del mundo, identidad con figuras mitológicas mesiánicas, símbolos del sí-mismo).

Mitopoiesis la psique: en el chamanismo es frecuente la idea de la *escalera,* que conecta diferentes niveles de experiencia. La *escalera de Jacob*, descrita en el Antiguo Testamento, por donde suben y bajan los ángeles; El árbol del cuento de hadas *Juanito y los fríjoles mágicos; el fresno cósmico Higgdrazil*, en la mitología nórdica *el árbol del eje del mundo*, donde Wotan se quedó en sacrificio colgado y donde sacrificó un ojo para obtener la sabiduría de las Runas, en la fuente de Mimir. *San Cristóbal* (ego) carga al niño Jesús (el *sí-mismo liviano-pesadísimo*) en la travesía del río (*proceso de individuación*).

Héroe – El mitologema del héroe expresa la energía psíquica que fluye en el eje ego-sí-mismo. Por eso el Héroe es siempre *hijo de un dios* (arquetipo del sí-mismo desprovisto de los límites del espacio/tiempo) *y un mortal* (el ego dentro de los límites del espacio/tiempo de la conciencia). En cada momento fundamental de transición, el héroe actúa en la vida de cada uno promoviendo la expansión de la conciencia.

Mitopoiesis de la psique: El ciclo del Héroe expresa en bellas imágenes el proceso de individuación, pues retrata las interacciones del ego con el sí-mismo. Heracles, Perseo, Atalanta, Edipo expresan el ciclo heroico, con su nacimiento mágico, exposición, instrucción por un espíritu tutelar, *hýbris* (pecado del orgullo) y *némesis* (castigo divino), todas fases míticas, fases del proceso de individuación. Heracles en sus doce trabajos míticos lava los establos del Rey Augías (confrontación con la sombra) y desciende al reino de Ónfale, donde se trasviste de ropas femeninas, mientras que Ónfale viste la piel del león Nemea (iniciación por el *anima*), entre otras etapas del proceso de individuación.

Inconsciente – Capa de la psique de donde la vida consciente y el ego surgen. Es toda la vida psicológica que escapa a la percepción consciente. Jung frecuentemente emplea la imagen de un océano sin límites de donde emerge una pequeña isla, el ego. El INCONSCIENTE PERSONAL se refiere a la capa del inconsciente vinculada a la vida personal de cada uno, construido durante la vida de cada uno hasta el momento actual. El INCONSCIENTE COLECTIVO es el inconsciente común a toda la humanidad. Es construido por los *arquetipos* (ver p.196).

Mitopoiesis de la psique – El inconsciente tiene diversas representaciones en los mitos: el océano sin límites, con sus profundidades, permeado de seres desconocidos: Proteo, el de múltiples formas, sirenas tentadoras y tritones, ninfas, ballenas (inclusive las que abrigaron a Jonás y a Pinocho, así como la gran ballena blanca de Moby Dick del marinero Ismael) y otros seres innumerables. El reino de *Poseidón* es presentado también en los orígenes de todo, como El Gran Padre Okeanos, un río circular que engloba todo el mundo conocido y desconocido. También los bosques a ser explorados, con sus animales fantásticos, gnomos y hadas, donde frecuentemente los cazadores se pierden, intentando alcanzar a un ciervo escurridizo, las cavernas oscuras, creadoras y curativas, frecuente abrigo de los héroes, representan en el mito el inconsciente. En los cuentos de hadas, como en los sueños, grandes casas, con sus habitaciones siempre por descubrir, también representan el inconsciente, que tiene además innumerables representaciones míticas.

Persona – Es el arquetipo de la adaptación, extracto de la psique colectiva, es la máscara que usamos para adaptarnos en sociedad. Jung advierte sobre el peligro de una *identificación con la persona* y el olvido de nuestra verdadera naturaleza, el *sí-mismo*.

Mitopoiesis de la psique: El cuento de hadas *El traje nuevo del emperador* habla de la *persona*. En la ficción literaria su aparición es frecuente: en Machado de Assis, en el cuento *El espejo* (Alférez identificado con el uniforme) e Ítalo Calvino: *El vizconde demediado*. Aquí, el vizconde es alcanzado por una bala de cañón y vive ridículamente con la mitad del cuerpo (expresión de la identificación con la *persona*). En el mito de Heracles el héroe viste la *piel del león de Nemea* y asimila su fuerza. En el mito de Aquiles, el héroe es sumergido en el río infernal Estigio, cuyas aguas cubren el cuerpo del héroe trayendo invencibilidad. El tema de la Égide de Zeus y otras capas protectoras expresan la idea del poder social de la *persona* para confrontaciones importantes (la *persona* también es necesaria).

Proceso de individuación – Es el eje teórico del pensamiento junguiano. Describe el proceso por el cual cada individuo llega a ser lo que realmente es. Él se convierte realmente en un *in-dividuum*, una totalidad indivisible. Por ese proceso simbólico las potencialidades individuales son actualizadas a nivel consciente. Esto se debe a que, en la perspectiva junguiana, el individuo no nace siendo una *tábula rasa*, sino que tiene sus potencialidades individuales ya prefiguradas en su genoma, cuya representación psicológica fue definida por Jung como el *arquetipo del sí-mismo* (ver p. 198).

Mitopoiesis de la psique: El ciclo del héroe expresa bellamente el proceso de individuación. El difícil camino de Edipo narrado en las dos tragedias de Sófocles: en *Edipo Rey* el sufrimiento del falso poder del Rey Edipo, inmerso en las falsas vestimentas de la *persona* de la primera mitad de la vida; en *Edipo en Colona*, Edipo ciego, ya anciano, tiene el encuentro sabio del conocimiento final en las entrañas de la tierra, la Gran Madre (individuación de la segunda mitad de la vida). También Ulises, después del sitio de diez años en Troya y largos años en el mar, vuelve a

Ítaca, donde es reconocido por Euriclea, su ama de infancia, por una cicatriz en la pierna - la cicatriz representa las incorporaciones de las experiencias de la vida entera.

Puer – Nombre por el cual los alquimistas medievales denominaban el espíritu mercurio, prisionero de la materia, que debe ser libertado para el trabajo. Tiene los atributos del arquetipo del niño, pero con la característica especial de colocarse en el así llamado *eje Puer-senex*, libertad, renovación, creación, necesitando para sobrevivir de un continente *senex*: el viejo, la tradición, el vaso alquímico que contiene el mercurio para sus transformaciones. Lo nuevo renueva lo viejo, que a su vez da sentido a lo nuevo. Un par muy presente en los procesos de *transferencia arquetípica* en análisis. No se debe confundir con el *puer aeternus*, el *puer* como problema neurótico debido a sus fijaciones en la Gran Madre y la dependencia.

Mitopoiesis de la psique: Puer aeternus: Adonis, amante de la Gran Madre Afrodita sale para cazar un jabalí y es asesinado por el animal (Según algunas interpretaciones, el jabalí representa a la propia Afrodita, en su aspecto sombrío). Afrodita llora sobre el cuerpo del joven amante, que se transforma en flores, las anémonas. Por eso las anémonas tienen un núcleo rojo, la sangre de Adonis, y pétalos periféricos blancos, las lágrimas de Afrodita. *Puer*: El espíritu mercurial en el vaso alquímico, siendo el inicio y el fin del proceso alquímico, o proceso de individuación.

Senex – Así como el *Puer*, tiene origen en la alquimia y fundamenta el eje *Puer-senex* dando límites y orientación al *Puer*. Es la manifestación de la sabiduría, del orden y del instinto de reflexión en el proceso de individuación. De esta forma, el *arquetipo de viejo sabio* se confunde aquí con el *senex*. La polarización de los arquetipos aparece claramente en el *senex*, que puede aparecer como viejo sabio o como gran padre devorador

Mitopoiesis de la psique: Una de las manifestaciones más impresionantes del *senex-* viejo sabio es el vidente ciego Tiresias, que aparece en diversos mitos aconsejando y haciendo profecías. Con Liríope, madre de Narciso, advierte sobre la belleza excesiva del hijo y su muerte prematura; en *Edipo Rey* aparece de forma radical, con la frase célebre, que marca la culminación de la tragedia (*peripatéia*): "Tú eres el asesino que buscas "(para Layo). El *senex* negativo aparece como el padre devorador Cronos / Saturno que permite que sus hijos nazcan, para devorarlos enseguida.

Sombra – Nuestro lado oscuro, aquello que no deseamos ser, queda reprimido en el inconsciente. Algunas cualidades positivas también están en la sombra y no vinieron a la conciencia por falta de una energía propia al contenido psíquico o porque no le dimos suficiente atención.

Mitopoiesis de la psique: El arquetipo de la sombra aparece como el *opositor* en los mitos. El mitologema de los hermanos trae con frecuencia la idea de la sombra con toda su ambigüedad: La lucha del abuelo de Perseo, *Acrisio*, con su hermano *Preto*; los más conocidos *Caín y Abel y Seth,* que desmiembra a *Osiris.*

Bibliografía

ASIMOV. Isaac.(2004)- *Eu, robô*. Rio de Janeiro: Ediouro.

BACHELARD, Gaston. (1973)- *A psicanálise do fogo*. Lisboa: Estúdios Cor.

BAIR,D. (2006) *Jung, uma biografia. São Paulo: Globo*

BASH, K. W. (1965)- *Psicopatologia General*. Madri: Morata.

BOECHAT, Marina.(2004)– *A imagem como interface nas mídias digitais*. Dissertação de mestrado junto a Escola de Comunicação da UFRJ-mimeografia

BOECHAT, Paula (2006) *Terapia familiar: mitos, símbolos e arquétipos*. Rio de Janeiro: Wak.

BOECHAT, Walter. (2008) *Ritmos e gestos: novas abordagens possíveis em psicoterapia junguiana.* In: Humberto Oliveira (org.): Corpo expressivo e construção de sentidos. Rio de Janeiro: Bapera-Mauad.

BOECHAT, Walter. (2006-A) *As questões com o Self: espiritualidade, finitude, individuação.* In: Dulcinéa Monteiro (org.): Espiritualidade e finitude. S. Paulo: Paulus.

BOECHAT, Walter. (2006-B) Transferência, tradições e xamanismo. In: Carlos Byington (org.)

Moitará I: O simbolismo nas culturas indígenas brasileiras. S. Paulo.

BOLEN, Jean.S. (1989). - *Goddesses in Everywoman.* S. Francisco: Harper and Row.

BRADBURY, Ray.(1990) *The illustrated man.* New York, Batan Books.

BRANDÃO, Junito S. (1992)- *Dicionário Mítico-Etimológico da mitologia grega.* Vol. II. Petrópolis: Vozes.

BRANDÃO, Junito S. (1991) - *Dicionário Mítico-Etimológico da mitologia grega.* Vol. I Petrópolis: Vozes.

BRANDÃO, Junito S.- (1989) *Helena, o eterno feminino.* Petrópolis: Vozes.

BRANDÃO, Junito S.(1987a) – *Mitologia grega,*Vol. II. Petrópolis: Vozes.

BRANDÃO, Junito S. (1987b)-*Mitologia Grega.*Vol.III,Petrópolis:Vozes.

BRANDÃO, Junito S. (1986) *Mitologia Grega,* vol. I. Petrópolis: Vozes.

CALIFE, José Luiz. (2004)- Prefácio e notas ao livro de ASIMOV, Eu, Robô. Rio de Janeiro: Ediouro.

CAMPBELL, Joseph (1973) - *The Hero With Thousand Faces.* Bollingen Foundation. Princeton University Press.

CARNEIRO LEÃO, E., WRUBLEWSKI, S. (orgs.) (1991)- *Os Pensadores Originários: Anaximandro, Parmênides, Heráclito*. Petrópolis, RJ: Vozes.

EDINGER, Edward (1990) - *A anatomia da psique*. S. Paulo: Cultrix.

ELIADE, Mircea. (2002) *Mito e realidade*. S. Paulo: Perspectiva.

ELIADE, Mircea. (1961) - *Mitos, sueños y misterios*. Buenos Aires: Compañía General Fabril Editora.

FREUD, Sigmund.- *Medusa's head*. (1940/1973). Standard Edition of the complete Psychological Works of Sigmund Freud. Vol. XIX. London: The Hogarth Press.

GREENFIELD, Barbara (1985)- The archetypal masculine: its manifestation in myth, and its significance for women. In: Andrew Samuels (org.) *The Father. Contemporary jungian perpectives.* New York:

HILLMAN, James (1992) Sobre a necessidade de um comportamento anormal: Ananke e Atena. In: Hillman, James (org.) *Encarando os deuses*. S.Paulo: Cultrix.

HILLMAN, James (1979) A grande mãe, seu filho, seu herói e o puer. In: *Pais e Mães,* São Paulo: Símbolo.

HILLMAN, James (1977)- *Re-Visioning Psychology.* New York: Harper and Row.

HILLMAN, James (1975-A)- Pothos: the nostalgia of the Puer Aeternus.. In: *Loose ends.* Zurich: Spring Publications.

HILLMAN, James (1975-B) Abandoning the Child, in: *Loose Ends*, Spring Publications, Dallas, Texas.

HILLMAN, James (1972) *The dream and the underworld.* In: Eranos Yearbook

HILLMAN, James, KERÉNYI, Karl. (1991) *Oedipus Variations*, Dallas,Texas: Spring Publications. [HILLMAN, James. KERÉNYI, Karl. *Visões sobre édipo.* Petrópolis: Vozes].

HOLLIS, James (1998). *Rastreando os deuses.* S.Paulo: Paulus.

HOMERO (2003) *Ilíada.* Tradução de Haroldo de Campos. S. Paulo: Arx.

JACOBY, Mario (1971/72) *The ego concept and problems of ego weakness.* (Material del curso dictado en el Instituto C.G.Jung de Zurique, semestre de invierno).

JUNG, Carl G. (1963/1978) *Memórias, sonhos e reflexões.* Rio de Janeiro: Nova Fronteira.

JUNG, C.G. (1958/1993) *Um mito moderno. Sobre coisas vistas no céu.* O.C. Vol. X. Petrópolis: Vozes.

JUNG, Carl G.- (1954) *Sobre a psicologia da figura do Trickster.* O. C, Vol. 9-1 Petrópolis: Vozes.

JUNG, Carl G. (1946/ s/d) *Considerações teóricas sobre a natureza do psíquico.* O.C. Vol. 8/2. Petrópolis: Vozes. 6ª ed.

JUNG, Carl G. (1945) *Psicologia e alquimia.* O.C. vol. 12. Petrópolis: Vozes.

JUNG, Carl G.-(1937/s/d) *Determinantes psicológicas do comportamento humano* O.C. vol. 8/2 . Petrópolis: Vozes. 6ª ed.

JUNG, Carl G. (1941/2000) *A psicologia do arquétipo da criança.* In: O.C. Vol. 9/1. Petrópolis: Vozes. JUNG, Carl G. (1907) *A psicologia da dementia praecox.* O.C. Vol. 3. Petrópolis: Vozes.

JUNG, Carl G.- (1916/ s/d) *A função transcendente.* O.C. Vol. 8/2. Petrópolis: Vozes. 6ª ed.

JUNG, Carl G.- (1912/1986) *Símbolos de transformação.* O. C. Vol. 5. Petrópolis: Vozes.

JUNG, Carl G. *Prefácio a O segredo da flor de ouro.* In: O.C. Vol. 13. Petrópolis: Vozes.

JUNG, Carl G. (1951) *A psicologia do arquétipo da criança.* O. C. Vol.9-1 Petrópolis: Vozes.

KEMPER, Anna Katrin (1962)- *A interpretação aludida, sua relação com as vivências e comunicações pré-verbais.* Conferencia en el IV Congreso Psicoanalítico Latino-Americano.

KERÉNYI, Caroly. (1973) *The Gods of the Greeks.* Thames and Hudson.   [Os Deuses dos Gregos. Cultrix]

KERÉNYI, Caroly. .(1974)- *The Heroes of the Greeks.* Thames and Hudson, Londres   [Os Heróis dos Gregos. Cultrix].

LAYARD, John – *The incest taboo and the virgin archetype.* Dallas, Texas: Spring.

Livro das mil e uma noites (2006). 2ª ed. S. Paulo: Globo. (Autor desconocido) – Traducción del árabe por Mamede Mustafá Jarouche.

MAIER, Michael- (1989) *Atalanta fugiens.* Tradução do latim: Joscelyn Godwin. U.S.A.: Phanes Press.

McGUIRE,   William,   HULL,   R.F.C.(1987)- *C.G.Jung, entrevistas e encontros.* S.Paulo: Cultrix.

NEUMANN, Erich (1973 - A) - *The Origins and History of Consciousness.* Bollingen Series. Princeton University Press.

NEUMANN, Erich (1973- B) - *Amor and Psyche,* Princeton University Press.

ONIANS, Richard B. (1973).- *The origins of european thought.* N.York: Arno.

PARIS, Ginnette de.(1988)- *Pagan Meditations.* Dallas, Texas: Spring Publications. [PARIS, Ginnette de. *Meditações pagãs.* Petrópolis: Vozes].

PATAI, Raphael (1974) *O mito e o homem moderno*. S. Paulo: Cultrix.

PEÇANHA, José A. (1987) *Platão, as Várias Faces do Amor*, in: *Os Sentidos da Paixão*, Funarte, Companhia das Letras, São Paulo.

PERERA, Sylvia B. (1986) - *The Scapegoat Complex*. Toronto: Inner City Books. [O complexo de bode-expiatório. S. Paulo- Cultrix].

PESSOA, Fernando.(1999). *Obra poética Volume único*. Rio de Janeiro: Nova Aguilar.

PLATÃO (1987) *O Banquete in: Os Pensadores*, tradução do grego do prof. José Cavalcante de Sousa, Ed. Nova Cultural, S.P.

ROASEN, Paul. (1995) *Irmão animal. A história de Freud e Tausk*. Rio de Janeiro: Imago.

ROSA, Guimarães (1976) *A hora e a vez de Augusto Matraga*. In: Sagarana. Belo Horizonte: Itatiaia.

SALANT, Nathan S. (1992) - *A Personalidade Limítrofe*. Ed. Cultrix, S.Paulo.

SAMUELS, Andrew (1990).- *Jung e os pós-junguianos*. Rio de Janeiro: Imago.

SHAMDASANI, Sonu. (1995) *Memories, dreams, omissions*. Spring. Journal of archetype and culture. 57. Dallas, Texas: Spring publications. 115-137.

SHAMDASANI, Sonu.(2005) *Jung e a construção da psicologia moderna. O sonho de uma ciência.* Aparecida – SP: Idéias e letras.

SCENEC, Jean. (1940/1972) *The survival of pagan gods.* Bollingen foundation. Princeton: Princeton University Press.

SLATER, Phillip E.(1971)- *The Glory of Hera.* Beacon Press, Boston.

_____-(1971) Self-emasculation, or Hephaistos. In: *The Glory of Hera.* Boston: Beacon Press.

STEIN, Murray (1980).- Hephaistos: a Pattern of Introversion. in: *Facing The Gods*, org. por J. Hillman, Spring Publications, Dallas, Texas.

TAVARES, Idésio M. (1990) *Perseu, o Mito e o Complexo. Uma Variante do Complexo de Édipo.* Trabalho apresentado no 18o Congresso Latino-Americano de Psicanálise. Rio de Janeiro.

TUCKERMAN, Ieda. (1999). – *Breve história do corpo e de seus monstros.* Lisboa: Passagens.

VERNANT, Jean- P. (1988) *A Morte nos Olhos. Figurações do Outro na Grécia Antiga.* Rio de Janeiro: Jorge Zahar.

VERNANT, Jean- P. (1990) *Mito e pensamento entre os Gregos.* Rio de Janeiro: Paz e Terra.

VIRGÍLIO (2005) *Eneida.* Tradução Odorico Mendes. S. Paulo: Atelié. 2005.

VON FRANZ, Marie-Louise- *Puer Aeternus*, Spring Publications.

VON FRANZ, Marie-Louise. (1983). *The Way of The Dream*. Produzido por Frazer Boa. Ontário, Canadá: Windrose Films Ltd.

VON FRANZ, Marie-Louise.(1980)- *The golden ass. An Interpretation of Apuleius' "Golden Ass"*. Dallas: Spring Publications.

WERTHEIM, M. (2001) *Uma história do espaço de Dante á Internet*. Rio de Janeiro: Jorge Zahar.

WHITMONT, Edward. (1978) *The symbolic quest*. Princeton: Princeton University Press. [WHITMONT, Edward. A busca simbólica. S. Paulo: Cultrix.]

WILI, Walter (1944/1971)- The orphic mysteries and the Greek spirit. In: *The mysteries. Papers from the eranos yearbooks*. Princeton: Princeton University Press, 2nd printing.

ZOJA, Luigi. (2002) *O mito da arrogância*. S.Paulo: Axis Mundi.

_____. (1998) *Nascer não basta*. S. Paulo: Axis Mundi.

Sites

http://houaiss.uol.com.br

www. intercom org.br/papers/xxv-ci

www. wikipedia.com, the free encyclopedia

OLIVEIRA, F.C. R. - *Vida artificial e os desafios para as fronteiras entre humanos e máquinas: um olhar da ficção científica.* – Consultado em agosto de 2006.

Science Fiction- consultado en septiembre de 2006.

Películas Citadas

Alien, el 8° pasajero. 4ª parte: *La resurrección.* Dirección de Jean-Pierre Jeunet. Guión: Joss Whedon.

Blade Runner, el cazador de androides. Dirección de Ridley Scott. Historia original de Philip K. Dick.

Marionettes, Inc. Dirección de Alfred Hitchcock. Historia original de Ray Bradbury.

Terminator, El exterminador del futuro. Dirección de James Cameron.

Herida (Damage). (1992). Dirección de Louis Malle. Historia original: Josephine Hart. Actores: Jeremy Irons, Juliette Binoche, Miranda Richardson.

2001. Odisea en el espacio. Dirección de Stanley Kubrick. Historia original de Arthur C. Clarke.